面向中小企业人才培养高职高专系列规划教材

中小企业财务分析实务

ZHONGXIAO QIYE CAIWU FENXI SHIWU

陈建宇◎主　编　　鞠　岗◎副主编

北京师范大学出版集团
BEIJING NORMAL UNIVERSITY PUBLISHING GROUP
北京师范大学出版社

图书在版编目(CIP)数据

中小企业财务分析实务／陈建宇主编.—北京：北京师范大学出版社，2014.1
ISBN 978-7-303-17350-1

Ⅰ.①中… Ⅱ.①陈… Ⅲ.①中小企业－会计报表－会计分析－高等学校－教材 Ⅳ.①F276.3

中国版本图书馆CIP数据核字（2013）第288035号

营销中心电话 010-58802755 58800035
北师大出版社职业教育分社网 http://zjfs.bnup.com
电子信箱 zhijiao@bnupg.com

出版发行：北京师范大学出版社 www.bnupg.com
北京新街口外大街19号
邮政编码：100875
印　　刷：北京京师印务有限公司
经　　销：全国新华书店
开　　本：184 mm × 260 mm
印　　张：10
字　　数：220千字
版　　次：2014年1月第1版
印　　次：2014年1月第1次印刷
定　　价：21.80元

策划编辑：邹　瑛　　责任编辑：曹　巍　邹　瑛
美术编辑：高　霞　　装帧设计：李　尘
责任校对：李　菡　　责任印制：孙文凯

前 言

受国际次贷危机的影响，我国特别是江浙一带的民营中小企业面临严重的财务危机。但是，目前市面上针对民营中小企业的财务报表分析专门教材非常少，本教材的开发旨在弥补这一不足，为培养面向中小企业财务人员做好准备工作。且我校办学以为民营中小企业服务为主要特色，急需此类教材，辅助教师教学活动，因此笔者开始编写此书。

本书选择几家民营中小型企业财务报表数据，在介绍基本财务分析方法的基础之上，有针对性地将这些财务分析方法应用到报表分析中去，主要包括趋势变动分析、结构百分比分析、杜邦财务分析法等。阅读时应注意结合数据所属年度进行分析和理解。

本书适用于专科生和本科生的教育教学工作。教材编写由陈建宇担任主编，鞠岗担任副主编，审校人包括负责财务分析授课的梁海燕老师、姚素琴老师和王淑云老师。非常感谢这几位老师百忙中抽出时间对本教材编写的支持。

读者对象主要为财会金融专业的大二专科学生。此外，教材还专门选择了部分优秀的毕业设计作为范例，为今后学生毕业设计提供参考。

陈建宇

目 录

第一章

财务分析基础知识

第一节 财务分析概述

财务分析是利用财务会计核算所得的会计资料，通过科学的分析方法进行计算与分析，并按计算与分析的结果来评价企业财务状况和经营成果的方法。会计资料主要以财务报表为主，还包括一些其他资料。

财务分析不同于财务会计，因为财务分析是利用财务会计的结果来进行再分析。财务会计通过核算形成财务报表后，财务分析利用财务报表内的数据进行进一步的计算与分析。本书主要针对中小企业财务报表进行分析，有的中小企业只有资产负债表和利润表，而缺少现金流量表，所以在分析过程中分情况进行讨论。

财务分析也不同于财务管理，财务分析只是财务管理的一部分，财务管理除包括财务分析以外，还包括财务预算、财务决策、项目投资可行性分析等内容。

一、财务分析主体及分析目的

财务分析的主体是那些需要看财务分析报告的人或企事业单位，如投资者、债权人等。与企业经济利益相关的人或者对企业有兴趣的人，都需要看企业财务报表，但更希望有专业人士给出专业的意见，财务分析报告正是为此而做的。用财务分析的分析方法写出的财务分析报告可供财务分析主体用于评价企业过去的经营业绩，了解企业现在的财务状况，预测未来的发展趋势，并以此为基础做出合理的决策。

1. 投资者

投资者是企业最重要的财务分析主体之一。按是否已投资，可以将投资者分为已有投资者和潜在投资者。不论是哪一类投资者，其分析目的都大致相同，是为了了解企业的获利能力。此外，因为偿债能力和经营业绩会影响到获利能力，所以企业投资者也会关心这两项内容。

2. 债权人

债权人也是重要的财务分析主体之一。按债权人的不同，可分为商业债权人和贷款债权人。商业债权人主要指在商业交易过程中与企业形成债务关系，成为企业债权人的那一类。而贷款债权人多指贷款给企业的金融机构。

债权人主要关心的是企业能否到期还款。因此，债权人关注企业的短期偿债能力和长期偿债能力，以及关系到企业还本付息的获利能力。此外，企业在还本付息的过程中主要依靠流动资产，所以还要关心流动资产的内部结构和变现能力。

3. 经营者

公司经营者指的是公司的管理层，包括职业经理人、财务经理等。很多中小企业的董事长也会同时出任总经理一职，应注意他们从不同角色、不同角度出发的分析目的是不同的。

经营者的分析目的在于分析经营计划的完成情况，评价财务状况的好坏，以此帮助企业经营者对未来进行经营决策和规划。经营者的工作就是按制订的经营计划来进行生产经营和销售，并把握财务状况的好坏，而会计资料所展现的就是计划的完成情况。由此可见管理者的分析目的和债权人以及投资者区别较大。在以后的学习中应注意哪些指标是为经营者服务的，哪些是为投资者服务的，哪些是同时为两者服务的。

4. 政府管理者

政府管理者是指公共管理机构。中小企业在财务方面需要面对的政府管理者主要包括审计局、统计局、税务局等。不同的公共管理机构因为公共管理目的不同，对报表分析的目的也不相同。

5. 公司员工

此外，公司员工也属于公司的利益相关者，公司的财务状况直接关系到公司员工的未来，员工的未来发展与公司财务状况息息相关。因此公司员工也同样属于财务分析主体的一员。

二、财务分析的客体

企业财务分析的客体是指所利用的财务会计核算结果，即会计资料，以会计报表为主。大多数中小企业不编制现金流量表，而以资产负债表和利润表为主。为了使分析更准确，通常采用两年以上的会计资料数据进行分析；为方便比较分析，应注意报表数据的对应性。例如，资产负债表一般取近三年数据，而利润表一般取近两年的数据。在以后的学习中我们会多次涉及这方面的内容。

三、财务分析的程序

1. 明确分析目的

在分析过程中应首先明确分析目的，而分析目的是根据分析主体来确认的。如果财务分析报告的阅读者主要是投资者，那么分析应以满足投资者的分析目的为主；如果阅读者主要是经营者，那么分析应以满足经营者的分析目的为主；以此类推。

2. 设计分析程序

根据不同企业的实际情况设计分析程序，本书推荐的分析程序即为此处 1～7 点。

3. 收集有关信息

财务分析要收集的信息除了会计资料以外，还包括企业自身发展现状、经济背景、金融环境等。民营中小企业中以制造业企业居多，近几年制造业受国际金融危机冲击，因此在分析过程中除了要观察企业财务现状，在提出评价和建议时，也应注意结合经济现状和企业实际，这样的评价和建议才符合企业当前发展需要。

（特别推荐巨潮资讯网 http：//www. cninfo. com. cn/，学生在学习的过程可以上网搜索，了解行业内先进企业的财务状况。）

4. 将整体分为部分

在拿到会计报表资料后，最重要的一个步骤是将整体分为各个部分。例如，总资产可以按其流动性分为流动资产和非流动资产，所以在接下来的分析中可以从流动资产和非流动资产入手，分析总资产变化的原因。

5. 研究各部分的特本质

研究整体的同时也要研究各个部分，在研究各个部分的时候，应根据各部分自身的特殊性进行研究。例如，货币资金的流动性最强，而收益性最弱，风险最低，因此企业货币资金金额以及结构比例就应根据其特殊性进行调整。

6. 研究各部分之间的联系

整体和部分之间是有机结合的，部分和部分之间存在一定的联系，通过研究各部分之间的联系，可以发现存在的问题。例如，流动资产主要用于偿还流动负债，所以流动资产的数量和结构与流动负债之间就存在一定的联系，反映企业的偿债能力。

7. 得出分析结论

通过第 4 步、第 5 步、第 6 步的分析，可以得出分析结论，总结归纳企业存在的主要问题并提出建议。

第二节　财务分析的基本方法

财务分析中可能用到多种分析方法，应结合实际需要进行选择，也可以两种或三种方法结合使用。

一、比较分析法

比较分析法是指在计算同一项目不同时期的金额差异的基础上，分析企业发生这种变化的原因的一种分析方法。趋势分析法是比较分析法的典型，是各种分析法的基础。在结构分析和财务比率分析法中，都有可能将结构比率和财务比率进行不同时期的比较。

1. 趋势分析法

趋势分析就是分析期与前期或连续数期项目金额大小的比较。这种对财务报表项目纵向比较分析的方法，是一种动态的分析。

首先计算趋势变动额。趋势变动额等于项目期末金额减去项目期初金额。然后分析金额变动方向和变动规模大小。

【例 1-1】

根据以下资料进行资产负债表趋势分析。

资产负债表(简表)　　单位：万元

资　　产	期　末	期　初	权　益	期　末	期　初
流动资产	75	77	负债	30	15
非流动资产	84	80	所有者权益	129	142
总资产	159	157	权益总额	159	157

【参考答案】

资　　产	期　末	期　初	差　额	权　益	期　末	期　初	差　额
流动资产	75	77	－2	负债	30	15	15
非流动资产	84	80	4	所有者权益	129	142	－13
总资产	159	157	2	权益总额	159	157	2

总资产期末比期初有所增长，说明企业分析期内以自身规模化发展为重。流动资产减少，非流动资产增加，企业总资产增加的原因在于非流动资产的增加，企业重生产，重规模效应。融资有所增加，特别是负债融资增加，能增加财务杠杆效应，达到节税的目的。

2. 行业比较法

将企业的主要财务指标与同行业的平均指标或同行业先进企业的指标对比，可以全面评价企业的经营状况。与行业平均指标的对比，可以分析判断该企业的优势。和先进企业的指标对比，可以帮助吸收先进企业的经验，改进不足。

3. 预算差异比较法

将分析期的预算数额作为比较的标准，实际数与预算数的差距就能反映完成预算的程度，可以给进一步分析和挖掘企业潜力提供方向。经营者常用此法。

二、比率分析法

比率分析法是指为了研究两个指标之间的关联关系，计算两者同期数据的比率，用于来评价和分析财务活动状况的分析方法。

1. 财务比率分析法

财务比率分析法是财务分析法中的重要方法之一。财务比率是用倍数或比例来表示的，它反映各会计要素之间的相互关系和内在联系，代表企业某一方面的能力。

通过计算相对数，可以使不同的比较对象之间建立可比性。例如，两家资产规模不同的企业，要比较其短期偿债能力，不能单纯比较谁的流动资产多，而应比较谁的流动比率大。

【例 1-2】

2011 年，X 公司流动资产 50 万元，流动负债 30 万元，Y 公司流动资产 55 万元，流动负债 22 万元。

要求：比较两公司短期偿债能力(公式：流动资产/流动负债)。

【参考答案】

X 公司流动比率＝50÷30≈1.67

Y 公司流动比率＝55÷22≈2.5

根据计算结果可以看出 Y 公司流动比率更大，短期偿债能力更强。

2. 结构比率分析法

结构比率分析法又称结构百分比法，这种方法要求先从研究对象(某一报表)中选取一个合适的总体项目，用报表中其他项目的金额与总体项目同期金额相除，计算出各项目的比率，然后进行分析。这样将基期和报告期的结构比例分别算出之后，可以将基期和报告期进行比较，观察结构变化。通常在使用比率分析法的过程中，都会适当结合比较分析法。

结构比率分析法本质上是一种特殊的财务比率分析法。这种方法也可以反映企业某一方面的能力、属性或者特征。因为结构比率分析法主要是同一报表的项目金额相除，所以既能排除规模的影响，又比财务比率分析法更特殊。

结构比率分析法的步骤如下：

第一步，选择合适的总体项目。一般选择报表内项目，且该项目一般是多数项目的金额总和。例如，对资产负债表做结构比率分析，可以选择总资产作为总体项目。

第二步，选择合适的分析步骤。资产负债表可以先分析整体，再分析部分，先分析总资产，再分析流动资产和非流动资产；利润表可以按从下往上的顺序逐步分析；现金流量表按各种不同的活动分类分析。在以后的章节会详细讲解。

第三步，计算出基期和报告期的结构比率，进行比较分析(也可以用报告期数据和同行业水平进行比较)。

【例 1-3】

资产负债表　　单位：万元

资　　产	期　末	期　初	权　益	期　末	期　初
流动资产	75	77	负债	30	15
非流动资产	84	80	所有者权益	129	142
总资产	159	157	权益总额	159	157

要求：用结构分析法对该资产负债表进行计算与分析。

【参考答案】

共同比资产负债表

单位：%

资　产	期　末	期　初	差　额	权　益	期　末	期　初	差　额
流动资产	47.17	49.04	−1.87	负债	18.87	9.55	9.32
非流动资产	52.83	50.96	1.87	所有者权益	81.13	90.45	−9.32
总资产	100	100	0	权益总额	100	100	0

资产方面，流动资产占总资产比例减少，非流动资产增多，说明企业重自身生产规模。权益方面，负债融资比例增多，说明企业开始有效利用财务杠杆的作用来节税。

三、因素分析法(连环替代法)

因素分析法(Factor Analysis Approach)，又称指数因素分析法，是利用统计指数体系分析现象总变动中各个因素影响程度的一种统计分析方法，包括连环替代法、差额分析法、指标分解法、定基替代法。教材重点介绍连环替代法。使用这种方法能够使研究者把一组反映事物性质、状态、特点等的变量简化为少数几个能够反映出事物内在联系的、固有的、决定事物本质特征的因素。

连环替代法是将分析指标分解为各个可以计量的因素，并根据各个因素之间的依存关系，顺次用各因素的比较值(通常即实际值)替代基准值(通常为标准值或计划值)，据以测定各因素对分析指标的影响。连环替代法的主要作用在于分析计算综合经济指标变动的原因及其各因素的影响程度。

其一因素的变动常常带动其他因素随之变动，统计学中的因素分析法，可用于分析不同因素之间互相影响的这种关系。在财务分析中，通常将因素分析法用于综合比率分析中。本章仅对因素分析法的三因素分析做简要回顾，具体应用在第六章中详述。

应用连环替代法的前提条件：经济指标与它的构成因素之间有着因果关系，能够构成一种代数式。注意这个代数式不一定是乘积关系，加减乘除都可以。

具体步骤如下：

1. 将基准值代入反映指标及影响因素关系的算式，基准值即为比较标准的数据，如计划值、上期值等；

2. 依次以一个因素的实际值替代基准值，计算出每次替代后指标数值，直到所有的因素都以实际值替代为止；

3. 把相邻两次计算的结果相比较，测算每一个替代因素的影响方向和程度；

4. 各因素的影响程度之和与指标的实际值与基准值的差额相等。

假设 M 可以分解成 A、B、C 三个因素的乘积，表示为：

$$M=ABC$$

报告期内ABC的金额都发生了变动，导致M发生变动，用小写字母表示为：

$$m=abc$$

三因素分析法，即三因素的连环替代。用连环替代法分析A、B、C三因素各自的变化对M的影响：

$$\triangle M_1=aBC-ABC$$

$$\triangle M_2=abC-aBC$$

$$\triangle M_3=abc-abC$$

$$m-M=\triangle M_1+\triangle M_2+\triangle M_3$$

根据$\triangle M_1$、$\triangle M_2$、$\triangle M_3$分析A、B、C三因素变化对M带来的影响。

第二章
偿债能力分析

在第一章的内容中，已经简单介绍过各种财务分析的基本分析方法。在此基础之上，第二章、第三章、第四章将详细介绍如何使用财务比率分析法对企业的偿债能力、获利能力和营运能力三项能力进行分析。

本章重点分析偿债能力。企业存在的目的是为了获取利润，但企业只有生存才能获利，资不抵债就要宣告破产，因此将偿债能力放在分析的首位。企业能保障及时偿还负债，才有继续探讨获利能力的可能。企业的利益相关者都会关心企业的生存能力，考核企业的偿债能力。

偿债能力是指企业用资产偿还负债的能力。中小企业偿债能力分析是财务分析中的重点内容。针对不同类型的负债，应使用不同类型的资产进行保障。资产按其可变现能力分为流动资产和非流动资产，通常用流动资产来保障短期负债的偿还，用非流动资产来保障长期负债的偿还。

在能力分析的过程中，通过财务比率分析法计算出一系列的指标值，可以帮助我们把各项能力用量化的方式客观地表现出来。由此可见，能力分析的第一个步骤，都是计算出代表该项能力的指标值。应当注意的是，每项能力涉及的财务比率指标不是唯一固定的，并且不同的财务比率反映的具体内容又有所不同，在使用过程中可根据需要选择合适的指标。

分析企业流动负债的保障程度，称为短期偿债能力分析，其中涉及的一系列财务比率指标，统称为短期偿债能力指标。相对地，分析企业长期负债的物质保障程度，称为长期偿债能力，其中需要计算的一系列财务比率指标，统称为长期偿债能力指标。

第一节 短期偿债能力分析

短期偿债能力是企业对流动负债偿还的保障能力，短期偿债能力的强弱取决于流动资产的变现能力，即流动资产中各项资产转换成现金的快慢程度。企业流动资产的流动性越强，短期偿债能力也越强。衡量短期偿债能力的指标有多种，一般学术界公认的四类短期偿债能力指标包括营运资金、流动比率、速动比率和现金比率。而中小企业因其资产和负债类型较简单，在衡量自身偿债能力的过程中，主要使用上述四类指标即可。根据四项指标的计算结果，可以对企业的短期偿债能力做出评价。

短期偿债能力主要受以下因素的影响：

1. 行业特点

行业不同，短期偿债能力的要求和标准也不同，在评价的过程中应尽量与同行业横向比较或者与本企业历史数据纵向比较。

2. 经济环境

经济繁荣时期的短期偿债能力可能要求较低一些，而在经济衰退或萧条时期，短期偿债能力应保持较高水平，否则公司存在破产风险。特别是民营中小企业。应注意在经济萧条时期提高自身的临时支付能力，即短期偿债能力。

3. 生产经营周期

企业商品生产销售存在周期性波动，有淡季和旺季之分。应根据实际情况进行短期偿债能力的评价。

4. 资产结构

各项资产占总资产比例的大小会影响到流动资产的变现能力，进而影响企业的短期偿债能力，将在本书第五章“报表质量分析”中做详细介绍。

5. 流动资产周转能力

流动资产周转越快，其中包括的各项资产越容易转变成现金，例如，应收账款周转得越快，说明收回现金速度越快，则流动资产中的现金越多，那么流动性越强，在流动负债不增加的情况下，短期偿债能力就越强。

由此可见，只通过一个单项指标，是无法对企业短期偿债能力做出客观而全面的评价的。

此外，在分析短期偿债能力时，应注意使用横向比较与纵向比较相结合的方式。纵向比较指的是基期与报告期相比较，结合指标的变动趋势加以评价；横向比较是指结合同行业平均水平或者同行业先进水平，进行横向比较分析。为了方便考核经营者的业绩，有时，还需进行预算差异比较，计算出预算目标与实际值之间的差距，探求原因并提出解决方案。

此外，影响企业偿债能力的因素，除了报表内可以使用的财务数据以外，还包括一些在财务报表中未反映出来的数据，若其数值较大就会产生较大的影响，所以不可轻视，我们称这一类因素为表外因素。能提高短期偿债能力的表外因素有：准备变现的非流动资产、可动用的银行贷款额度和企业自身信誉；会降低短期偿债能力的表外因素有：未做记录的或有负债、担保责任引起的或有负债等。财务报表的外部使用者，应多收集一些这方面的资料，为做出正确的判断提供依据。

一、短期偿债能力指标

1. 营运资金

企业营运资金是指流动资产用于偿还流动负债后，剩余的那部分资产，这部分资产可直接参与生产经营，称为营运资金，又称营运资本或营运资产。计算公式如下：

营运资金＝流动资产－流动负债

营运资金这一指标不属于财务比率的类型，但常用于短期偿债能力分析中，该指标大于零，说明企业流动资产从绝对金额上可以保障流动负债的偿还。该指标值越大，短期偿债能力越强。

【例 2-1】

某企业 2011 年 12 月 31 日资产负债表中显示总资产 200 万元，流动资产 150 万元，流动负债 70 万元，则 2011 年营运资金是多少?

【参考答案】

2011 年 12 月 31 日： 营运资金＝150－70＝80(万元)

2. 流动比率

流动比率是指企业流动资产除以流动负债的比率，该比率通常用数值形式来表示，而非百分数。其计算公式如下：

流动比率＝流动资产÷流动负债

流动比率是衡量企业短期偿债能力的一个非常重要的财务指标，也是最常用的一个指标。这个比率越大，说明企业偿还到期债务的能力越强，流动负债得到偿还的保障越大。但是，流动比率太高的企业，偿债能力得到了充分的保障，却给其他方面带来了负面影响。这是因为流动比率过大说明企业相对流动负债来说流动资产太多，而流动资产中若容易变现的资产未能有效投入生产加以利用，将会影响企业的获利能力。经验表明，流动比率在 1～2 范围内比较合适，国际上认可的标准值一般为 2，即认为流动资产在流动负债的两倍左右为适宜。但是实际分析过程中，应结合不同行业的特点和企业流动资产结构等因素来综合评价。有的行业流动比率较低，有的较高，不应该用完全统一的标准来评价不同行业企业的流动比率是否合理。在比较过程中，可以和同行业平均流动比率进行比较，也可以同本企业历史的流动比率进行比较，通过横向比较、纵向比较或者两种方式相结合的方式，来判断本企业报告期的流动比率是否合理。

【例 2-2】

M 公司 2011 年期初流动资产 20 万元，流动负债 30 万元；期末流动资产 80 万元，流动负债 40 万元。

要求：分析 M 公司的短期偿债能力。

【参考答案】

$$期初流动比率=20\div 30\approx 0.67$$

$$期末流动比率=80\div 40=2$$

期初流动比率小于 1，清偿能力不够，期末流动资产增加很多，流动比率为 2，符合国际标准范围，短期偿债能力增强，但应注意分析流动资产过多而导致资金闲置的问题。

在分析流动比率的过程中应涉及的分析要点归纳如下：

(1)流动比率越大，企业偿债能力越强，常用于银行贷款审批过程中。

(2)国际标准值为 2，使用时应具体考虑企业所处的时期、行业、经济环境等因素。

(3)该比率过高可能反映出企业流动资金闲置，存货囤积太多，以及应收账款过多不易收回等问题，会影响企业获利能力。

(4)此外还有一种特殊情况也会导致流动比率过高，就是流动负债过少。流动负债过少可能是由企业生产和销售停滞引起的。这时应注意观察流动负债的数值大小再做判断。

(5)流动资产的内部结构。流动资产包括货币资金、应收票据、应收账款等科目。如果货币资金所占比例较大则流动资产流动性较强；若不易变现的科目所占比例较大，则流动资产流动性较差，临时性支付能力差，流动比率反映的短期偿债能力就不太准确。

由于流动资产受一些不易变现资产的影响，当这类资产较多时，即使流动比率较大，可能依然不能保障到期债务的准时偿还。

3. 速动比率

速动比率是企业速动资产与流动负债的比率，又称酸性测试比率。流动比率在评价企业短期偿债能力时，因为包含不易变现的资产项目，所以存在一定的局限性。如果流动比率较高，但流动资产的流动性较差，则企业的短期偿债能力仍然不强。在流动资产中，存货须经过销售，才能变现，若存货滞销，变现就成问题。一般来说，流动资产扣除存货后称为速动资产。速动比率的计算公式为：

$$速动比率=速动资产\div 流动负债$$

通常速动比率的标准值为 1，速动比率低于 1，则认为短期偿债能力偏低。但这仅是一般的看法，因为行业不同速动比率会有很大差别，没有统一的标准。例如，采用现金销售的商店，几乎没有应收账款，远低于 1 的速动比率则是很正常的。相反，一些应收账款较多的行业，速动比率可能要大于 1。

在计算速动资产时有两种计算方法，一种是扣除法，公式为：

$$速动资产=流动资产-存货$$

另外一种计算法是加总法，用加总法计算出来的称为保守速动资产，公式为：

保守速动资产＝货币资金＋交易性金融资产＋应收票据＋应收账款

很明显，一般情况下，用扣除法计算出来的速动资产不小于保守速动资产。保守速动资产比速动资产的变现能力更强。

【例 2-3】

N 公司期末流动资产 150 万元，存货 30 万元，流动负债 70 万元；期初流动资产 120 万元，存货 40 万元，流动负债 60 万元。

要求：用扣除法计算速动比率，并评价企业的短期偿债能力。

【参考答案】

期末速动比率＝(150－30)÷70＝120÷70≈1.71

期初速动比率＝(120－40)÷60＝80÷60 ≈ 1.33

两年速动比率都超过 1，期末还有所提高，速动比率所表现出来的短期偿债能力强；企业虽短期偿债能力强，但应注意合理利用流动资金，避免造成资金的过度闲置。

速动比率分析注意要点：

(1)一般标准值为 1。根据行业不同而有所不同。

(2)剔除了存货的影响，存货具有不易变现的特点，比流动比率更合理。

(3)应收账款和预付账款没有剔除，若企业有大量不良应收账款，则可能影响速动比率的可靠性。

(4)速动比率未考虑应收账款的回收性和期限，所以也容易通过粉饰报表人为操纵。

4. 现金比率

现金比率是企业现金及现金等价物类型的资产与流动负债的比率。现金类资产包括企业所拥有的货币资金和持有的有价证券(即资产负债表中的短期投资)。它是速动资产扣除应收款项后的余额，由于应收账款存在着发生坏账损失的可能，某些到期的账款也不一定能按时收回，因此速动资产扣除应收账款后，最能反映企业直接偿付流动负债的能力。现金比率的计算公式为：

现金比率＝现金类资产÷流动负债

＝(货币资金＋有价证券或短期投资)÷流动负债

＝(速动资产－应收账款)÷流动负债

在计算过程中经常用到第二个公式。虽然现金比率最能准确反映企业偿付到期债务的能力，且比率越高，说明企业偿债能力越强。但是，如果企业留存过多的现金类资产，现金比率过高，就意味着企业流动负债未得到合理运用，导致企业机会成本的增加。通常现金比率保持在 20%左右为宜。

【例 2-4】

M 公司期末货币资金有 40 万元，交易性金融资产 30 万元，流动负债 77 万元。

要求：计算期末现金比率并评价企业期末的短期偿债能力。

【参考答案】

$$现金比率=(40+30)\div 77\approx 91.91\%$$

分析：现金比率值超过20%，由于现金比率能最保守地反映企业的偿债能力，所以，企业偿还短期债务的能力是非常强的。但是，企业存在较严重的货币资金闲置与浪费问题，建议将多余的资金用于生产与投资。

现金比率分析要点：

(1)现金比率反映企业临时支付能力。是反映短期偿债能力最准确的指标。通常企业破产可能性较小或财务稳定时期，主要使用流动比率和速动比率指标来判断其短期偿债能力，而面临财务危机或陷入财务困境时，则使用现金比率来评价其短期偿债能力是比较准确和安全的。

(2)现金比率中的现金及现金等价物是企业收益性最差的资产，如果过多就是资金闲置。因此，现金比率如果在财务稳定时期，不宜太大，国际标准为20%。

二、短期偿债能力项目化分析教学模块

本教学模块主要使用项目化教学法，通过阅读报表获取数据来分析企业短期偿债能力。

报表资料如下：

表1　某汽车配件有限公司资产负债表2010年/2011年　　单位：元

资　产	期初数	期末数	权　益	期初数	期末数
流动资产：			流动负债：		
货币资金	17 060.12	155 980.34	短期借款		
短期投资			应付票据		
应收票据			应付账款	219 668.00	316 813.55
应收股利			预收账款		
应收利息			应付工资		
应收账款	263 626.90	308 578.54	应付福利费		
其他应收款			应付股利		
预付账款			应交税费	5 635.17	6 581.69
应收补贴款			其中：应交税金		
存货	567 495.74	616 921.35	其他应交款		
待摊费用			其他应付款		13 232.62
			预提费用		
一年内到期的长期债权投资			预计负债		

续表

资　　产	期初数	期末数	权　益	期初数	期末数
其他流动资产			一年内到期的长期负债		
流动资产合计	848 182.76	1 081 480.23	其他流动负债		
长期投资：					
长期股权投资			流动负债合计	225 303.17	336 627.86
长期债权投资			长期负债：		
长期投资合计	0.00	0.00	长期借款		
固定资产：			应付债券		
固定资产原价	1 200 000.00	1 385 600.00	长期应付款		
减：累计折旧	14 400.00	216 000.00	专项应付款		
固定资产净值	1 185 600.00	1 169 600.00	其他长期负债		
减：固定资产减值准备			长期负债合计	0.00	0.00
固定资产净额	1 185 600.00	1 169 600.00	递延税项：		
工程物资			递延税款贷项		
在建工程			负债合计	225 303.17	336 627.86
固定资产清理					
固定资产合计	1 185 600.00	1 169 600.00	所有者权益：		
无形资产及其他资产：			实收资本(或股东权益)	800 000.00	850 000.00
无形资产			减：已归还投资		
长期待摊费用			实收资本(或股本)净额	800 000.00	850 000.00
其他长期资产			资本公积	95 345.00	95 685.23
无形资产及其他资产合计	0.00	0.00	盈余公积	92 930.96	85 921.22
			其中：法定公益金		
递延税项：			未分配利润	820 203.63	882 845.92
递延税款借项			所有者权益(或股东权益)合计	1 808 479.59	1 914 452.37
资产总计	2 033 782.76	2 251 080.23	负债和所有者权益(或股东权益)总计	2 033 782.76	2 251 080.23

要求：根据以上资料分析该企业短期偿债能力。

分析步骤：

1. 计算短期偿债能力指标值；

2. 根据指标值分析企业短期偿债能力。

【参考答案】

财务比率	公　　式	2010 年	2011 年
营运资金	流动资产－流动负债	622 879.59	744 852.37
流动比率	流动资产÷流动负债	3.76	3.21
速动比率	速动资产÷流动负债	1.25	1.38
保守速动比率	保守速动资产÷流动负债	1.25	1.38
现金比率	(货币资金＋交易性金融资产)÷流动负债	0.08	0.46

流动比率是最常用的评价短期偿债能力的指标，在此可以看出，该汽车配件生产企业的流动比率有一定程度的下降，且均大于国际标准值 2，鉴于其行业特殊性，生产小型零件，资金流通较快，所以流动比率较高属于正常情况；速动比率和保守速动比率相同，都呈上升趋势；现金比率 2010 年小于国际标准 20%，但 2011 年较大。金融危机冲击下企业持有更多货币资金可以帮助自身规避风险。从以上比率都可以看出，企业短期偿债能力较强，高于行业标准(以 2011 年为主要判断依据)，如果是经济平稳的年份可以适当增加短期债务，或者减少流动资产的持有，以免带来资金的闲置与浪费。

第二节　长期偿债能力分析

长期偿债能力通常放在短期偿债能力分析之后进行。长期偿债能力是企业用资产来保证长期债务及时清偿的能力，反映的是企业对债务的物质保障程度。因为涉及期限较长，所以在偿还债务的过程中，除了可以以资产来保证负债的偿还外，还可以用利润来保障负债的偿还。在本节中，我们学习的长期偿债能力指标主要有 5 个：资产负债率，产权比率，有形净值债务率，权益乘数，已获利息倍数。

一、长期偿债能力指标

1. 资产负债率

资产负债率，简称负债比率或负债率，是指企业负债占总资产的比率，该比率的大小反映的是以资产对债权人资金提供的保障。一般情况下，负债率越小，说明企业长期偿债能力越强。计算公式如下：

资产负债率＝负债÷总资产×100%

不同行业的负债率标准存在明显区别。一般认为资产负债率，比较合理的范围是 40%～60%之间，而国际上通常认为负债比率为 60%时较为适当。在本书中的练习和实训中，以 40%～60%这个范围为标准范围，即负债率在 40%～60%之间为适宜。从债权人的角度看，该指标越小，债权人资金相对越有保障，这样企业债务清偿越有保证。但是从企业投资者和经营者角度来说，该指标过小说明企业对财务杠杆利用不够。从财务杠杆的角度来讲，高负债率经营可以为投资者提供更高的投资回报率。所以，企业的经营决策者应当将偿债能力与获利能力结合分析。

【例 2-5】

某企业 2011 年的总资产为 5 000 万元，所有者权益为 3 790 万元。要求：计算该企业 2011 年的负债比率。

【参考答案】

资产负债率＝(5 000－3 790)÷5 000×100%＝ 24.2%

分析：资产负债率小于标准范围下限 40%，说明企业负债率低，债权人的资金有较大保障。但是从企业投资者和经营者的角度来讲，高负债率才能带来高利润率，所以，应在条件允许的情况下，适当提高负债比率。

分析注意要点：

(1)该比率可以揭示出企业全部资金来源中多大比例是由债权人提供的。不同行业标准范围可能不同。可以选用行业先进水平或者平均水平作为标准进行比较。

(2)从债权人角度来看，若企业现有负债比率过高，新的债权人可能会在提供贷款时提出较高的利息率来对自己承担的风险进行补偿。

(3)从投资者的角度来看，企业负债越多，获得的财务杠杆效应越强，且利息税前支付起到节税的作用，投资收益率也就越高，对股东权益最大化有利。

(4)从经营者的角度来看，负债比率过高，财务风险大，经济萧条期破产风险大。

(5)在企业负债率较小时，应建议企业在不发生偿债风险的前提下尽可能提高该比率。风险大，则降低。风险小，则提高。

2. 产权比率

产权比率又称资本负债率，是指企业负债除以所有者权益的比率，反映企业投资者投入的资金对债权人资金的保障程度。一般情况下，产权比率越低，说明企业长期偿债能力越强。计算公式如下：

产权比率＝负债÷所有者权益×100%

产权比率与资产负债率在评价长期偿债能力时说明的准确性基本相同，两者的主要区别在于如果是外部报表使用人着重分析债务偿付安全性的物质保障程度，就应注意观察资产负债率；而如果侧重于评价财务结构的稳健程度以及自有资金对偿债风险的承受能力则应重点分析产权比率。

产权比率通用标准为 100%。如果产权比率过大，则说明企业以自有资金保障债务的能力较弱；而该比率过小则说明企业未充分利用负债提高企业利润率。

【例 2-6】

沿用例 2-5 的数据，某企业 2011 年的总资产为 5 000 万元，所有者权益为 3 790

万元，要求：计算该企业 2011 年的产权比率。

【参考答案】

产权比率=(5 000−3 790)÷3 790×100%≈31.93%

产权比率低于通用标准 100%，说明企业长期偿债能力强。企业利用自有资金保障负债偿还的程度较高。

分析时应注意以下几点：

(1)该比率越大，企业财务风险越大，偿债能力越弱。

(2)该比率越低，债权人受自有资金保护的程度越高，可以考虑给予企业新的贷款。

(3)该比率越大，财务杠杆效应越强，财务风险也会有所增加。

3. 有形净值债务率

在产权比率和资产负债率的计算过程中，我们可能会怀疑资产和资本是否能够全部用来保障负债的偿还。例如，当企业陷入财务危机时，资产有可能会彻底失去变现能力。无形资产在企业发展情况良好的时期，可以为企业带来较多的收益和信誉，但在企业濒临破产时，却可能完全丧失其价值。因此，我们可以把在无形资产上所耗费的资金从自有资金中扣除，用扣除后剩下的余额，来保障负债的偿还，用扣除后的余额与负债相除得到的指标称为有形净值债务率，计算公式如下：

有形净值债务率=负债÷(所有者权益−无形资产净值)×100%

有形净值债务率这个指标可以和产权比率结合使用。把产权比率和有形净值债务率对比发现，相较于产权比率，有形净值债务率的分母扣除了无形资产净值。根据两者公式的不同，可做如下区别：

在企业发展情况良好的时期，无形资产可以为企业带来更多的收益和信誉，评价其长期偿债能力时以使用产权比率；在企业财务不稳定或濒临破产的时期，无形资产带来的收益较小甚至可能完全丧失其价值，评价其长期偿债能力时使用有形净值债务率更准确，其标准值的选择与产权比率一样，通常为 100%。

【例 2-7】

承例 2-5，某企业 2011 年的总资产为 5 000 万元，所有者权益为3 790万元，无形资产净值为 300 万元，企业上一年度曾出现不能按时支付股利甚至被股东告发的事件。

要求：计算该企业 2011 年的有形净值债务率。

【参考答案】

有形净值债务率=(5 000−3 790)÷(3 790−300)×100%≈34.67%

该企业有形净值债务率反映的企业偿债能力较强，企业用自有资金可以保障负债的偿还。

分析时应注意以下几点：

(1)该指标可以衡量债权人在破产清算时能获得多少有形财产保障。

(2)扣除无形资产是因为这项资产的未来收益带有较大不确定性。

(3)标准值为100%。

4. 权益乘数

权益乘数是较为特殊的一类长期偿债能力指标。其计算公式为：

权益乘数＝总资产÷所有者权益×100%

从公式可以看出，权益乘数越大，总资产相对所有者权益越大，说明企业负债所占比例越多，则企业财务杠杆效应越强。关于该指标的使用，将在第六章“综合财务比率分析”中详述。

权益乘数通用标准值为200%。在衡量长期偿债能力的过程中，我们通常较少使用权益乘数，原因在于权益乘数所表现的偿债能力完全可以由其他指标表现出来。将权益乘数的计算公式变形如下：

权益乘数＝总资产÷所有者权益

＝(所有者权益＋负债)÷所有者权益

＝1＋负债÷所有者权益

＝1＋产权比率

由此可见，权益乘数判断的长期偿债能力完全可以用产权比率代替。

【例2-8】

承例2-5，某企业2011年的总资产为5 000万元，所有者权益为3 790万元，企业上个年度财务稳定。

要求：计算该企业2011年的权益乘数。

【参考答案】

权益乘数＝5 000÷3 790×100%≈131.93%

或：　　权益乘数＝1＋31.93%＝131.93%

权益乘数低于通用标准200%，说明企业长期偿债能力强。企业利用自有资金保障负债偿还的程度较高。

分析要点与产权比率分析要点基本一致。

5. 已获利息倍数

已获利息倍数，是指企业一定时期息税前利润与利息支出的比率，该指标反映了企业获得的收益对利息偿付的保障程度。计算公式如下：

已获利息倍数＝息税前利润÷利息支出

＝EBIT÷I

息税前利润总额指利润总额与利息支出的合计数，利息支出为实际支付的债务利息，包括借款利息、债券利息等。利息支出为本期全部应付利息，包括财务费用中的利息费用，也包括计入固定资产成本的资本化利息。资本化利息即使在损益表中不扣除，但仍应计入利息支出中。在编写财务分析报告过程中应注意这一点。

息税前利润总额＝净利润＋所得税＋利息支出

一般情况下，已获利息倍数越高，说明企业长期偿债能力越强。国际上通常认为，该指标为 3 时较为恰当，从长期来看至少应大于 1，以免影响按时付息。在债务不减少的情况下，该指标越大，企业利息保障越强。在利润表数据已知的情况下，已获利息倍数是必须计算的指标。在本节学习的长期偿债能力的 5 个指标中，已获利息倍数是唯一用到利润表数据的指标；该指标针对的是利息的偿还能力，而前四个指标针对还本付息的能力能力，使用的数据都是资产负债表数据。

【例 2-9】

某企业 2011 年的净利润为 1 500 万元，所得税 300 万元，利息支出为 200 万元。

要求：计算该企业 2011 年的已获利息倍数。

【参考答案】

已获利息倍数＝(1 500＋300＋200)÷200＝10

已获利息倍数为 10，大于通用标准值 3。说明企业利息支付有较大保障。

分析时应注意以下几点：

(1)已获利息倍数值越高，说明企业利息偿还越有保障。

(2)已获利息倍数下限一般为 3。如果出现小于 1 的情况，可以考虑用非付现摊销和折旧费用来支付利息，或者采用以新还旧的方式进行付息。也就是说，并非已获利息倍数出现小于 1 的情况，就一定会面临无法偿付利息的危机，而应针对企业实际情况作出适当的建议。

(3)在选择标准值进行比较时，可选择本企业连续 5 年内最低指标值作为标准值的下限，也可以选择同业平均水平进行比较。

二、长期偿债能力项目化分析教学模块

本教学模块主要使用项目化教学法，报表资料沿用表 1，通过阅读报表获取数据来分析企业长期偿债能力。

【参考答案】

财务比率	公　式	2010 年	2011 年
资产负债率	负债/资产	11.08%	14.95%
产权比率	负债/所有者权益	12.46%	17.58%
有形净值债务率	负债/(所有者权益－无形资产)	12.46%	17.58%
权益乘数	资产/净资产	112.46%	117.58%

从各项指标可以明显看出，企业负债偏少，长期偿债能力强。但是负债利息在税前扣除，可以帮助股东节税，因此，如果是经济平稳的年份可建议企业提高负债。综上，该汽车配件企业的整体偿债能力较强。

三、短期偿债能力和长期偿债能力的区别与联系

短期偿债能力表明企业偿还日常到期债务的能力，针对的流动债务偿还期限只有1年时间。长期偿债能力表明企业对债务负担的承受和偿还的保障能力，主要针对所有债务进性偿还，其中，长期债务偿还期限一般在5年以上。将两种能力相结合，进行综合分析，才能看出企业真实的偿债能力。

企业保有一定的临时支付能力，保障到期债务的偿还，就可以保证正常的生产经营活动。因此，当长期偿债能力和短期偿债能力出现矛盾时，经营者做决策时应尽量以短期偿债能力为依据。

第三章

获利能力分析

获利能力，又称盈利能力，是指企业通过一段时间的生产和经营获得利润的能力。获利能力分析是指先通过利用利润表数据计算出一系列财务比率的数值，根据数值的大小对企业获利能力进行分析与评价。

进行获利能力分析是希望通过财务比率来反映企业相对的获利水平。企业利润表可以反映出企业获得利润的绝对金额，却不能反映出其相对的能力。获利能力分析中计算的指标都是财务比率，通过相对数的形式可以将企业获得利润的能力量化出来，而非以绝对金额的形式来表现其能力。企业的利益相关者(即财务分析主体)，都非常关注企业的获利能力。

获利能力的影响因素包括以下几点：

1. 营业收入

企业想要获利，首先要能产生营业收入。所以在探讨获利能力时，收入是基础，是企业发展的根本保证。企业非常关注自身的销售业绩，特别是民营企业。成本费用的支出要靠收入来弥补，利润也来自收入。企业想获利首先必须实现销售。

2. 收现能力

只有能收回现金的营业收入才能最终成为获利的基础，因此，企业在获得销售收入后必须考虑何时能以现金的形式收回以及能收回多少。

3. 成本费用

获得收入后，首先要对成本费用进行弥补，适当降低成本费用是提高企业获利能力的重要途径。

4. 风险程度

低风险带来低收益，高风险带来高收益。大型企业往往可以利用投资组合来分散投资风险，中小企业在经济稳定增长期，有可能采用高风险的形式，以实现快速增长。

5. 企业的财务状况

企业偿债能力与获利能力是相互影响的，偿债能力越强，越可以保障获利，相对的，获利越多，偿债能力也越强；企业负债经营状况也会影响获利，企业负债经营越充分，负债带来的财务杠杆效应发挥得越好，股东回报水平越高；企业资金管理状况(营运资金)也会影响到获利，资金管理方式恰当，营运资金运用合理，可以为企业带来更多的收益。

在获利能力分析的过程中，主要有两方面的问题要考虑：

第一，利润在收入中所占的比例大小。一个年度的累计收入中，到底有多大比例能转化成利润，这与收入大小和成本费用的控制相关。因此，在获利能力分析时，应首先考虑利润与收入的比率或者考虑利润与成本费用的比率。本章仅就利润占收入的财务比率进行分析，即与收入相关的获利能力分析。

第二，利润占总资产的比例大小。企业一个年度的生产经营活动，创造的利润总要弥补企业在资产和资本上所做出的投资。投入资产资本后，究竟能从中得到多大比例的弥补，就必须由利润与资产资本的比率关系来分析，即与资本资产相关的获利能力分析。

第一节　与收入相关的获利能力分析

一、与收入相关的获利能力指标

1. 营业收入毛利率简称毛利率，又称销售毛利率，是毛利额占营业收入的比率。计算公式如下：

毛利率＝毛利额÷营业收入

其中，　　毛利额＝营业收入－营业成本－营业外税金及附加

在某些学术性书籍中，营业外税金及附加如果发生额较小，在计算毛利额时可将营业外税金及附加忽略不计。为了谨慎起见，应计入影响。

分析时应注意以下几点：

(1)该指标越大，说明企业获利能力越强。

(2)企业毛利率下降的主要原因有：企业因市场竞争而降低售价，使得销售收入下降，而成本没减少，所以毛利额下降；购货成本或生产成本上升；由于市场变化或企业战略实施的暂时影响，使得毛利率水平较高产品的生产或销售量占总量的比重下降。

(3)计算毛利额时应将营业外税金及附加从营业收入中扣除，如果发生额较小则可以不扣除。

(4)该指标具有明显的行业特点。一般来说，营业周期短、固定成本低的行业的毛利率水平比较低；而营业周期长、固定成本高的行业，则要求较高的毛利率以弥补其巨大的成本支出。

2. 营业利润率是指营业利润占营业收入的比率。计算公式如下：

营业利润率＝营业利润÷营业收入

分析时应注意以下几点：

(1)该指标越高，表明企业通过日常经营活动获得收益的能力越强。

(2)营业利润将三项期间费用从毛利额中扣除了，所以必须注意三项期间费用的影响。该指标越高，表明企业控制成本费用的能力越强。

3. 营业收入利润率简称利润率，又称销售利润率，是利润总额与营业收入的比率。计算公式如下：

营业收入利润率＝利润总额÷营业收入

分析时应注意以下几点：

(1)该指标越大，表明企业当期各项经营活动获得收益的能力越强。

(2)由于利润总额中包括一些不确定收益项目在内，因此该指标反映的获利能力只能作为基本信息，跨期比较时，还须对一些特殊收益项目进行具体分析。

4. 营业收入净利率简称净利率，又称销售净利率是净利润与销售收入的比值。计算公式如下：

净利率＝净利润÷销售收入

分析时应注意以下几点：

(1)该指标越大，表明企业当期各项经营活动获得收益的能力越强。

(2)由于利润总额中包括一些不确定收益项目在内，因此该指标反映的获利能力只能作为基本信息，跨期比较时，还须对一些特殊收益项目进行具体分析。

5. 营业收入息税前利润率简称息税前利润率，计算公式如下：

息税前利润率＝息税前利润÷营业收入

＝(利润总额＋利息支出)÷营业收入

在分析过程中，如果前面几项获利能力指标都已经分析过了，则该指标的分析可以作为参考。在本书中息税前利润率指标作为非重点指标来使用。

二、与收入相关的获利能力项目化分析教学模块

本教学模块主要使用项目化教学法，通过阅读报表获取数据，并结合趋势分析法分析企业获利能力。

报表资料如下：

表 2 某锅炉成套设备有限公司 2010/2011 利润表 单位：元

项 目	2010 年	2011 年
一、营业收入	24 434 802.19	30 970 311.46
减：营业成本	22 361 136.81	28 445 649.13
营业税金及附加	78 850.42	87 528.00
二、主营业务利润	1 994 814.96	2 437 134.33
加：其他业务利润	214 615.80	259 110.68
减：营业费用	302 837.76	465 344.10

续表

项　　目	2010 年	2011 年
管理费用	1 065 189.12	1 977 826.36
财务费用	257 020.03	555 004.99
三、营业利润	584 383.85	－301 930.44
加：投资收益		
补贴收入		
营业外收入	5 000.00	62 000.00
减：营业外支出	5 121.18	5 412.49
四、利润总额	584 262.67	－245 342.93
减：所得税	150 036.77	88 899.81
五、净利润	434 225.90	－334 242.74

【参考答案】

2010 年毛利率＝(2010 年营业收入－2010 年营业成本)÷2010 年营业收入
＝(24 434 802.19－22 361 136.81)÷24 434 802.19
≈8.49％

2010 年营业利润率＝2010 年营业利润÷2010 年营业收入
＝584 383.85÷24 434 802.19
≈2.39％

2010 年利润率＝2010 年利润总额÷2010 年营业收入
＝584 262.67÷24 434 802.19
≈2.39％

2010 年净利率＝2010 年净利润÷2010 年营业收入
＝434 225.90÷24 434 802.19
≈1.78％

2011 年毛利率＝(2011 年营业收入－2011 年营业成本)÷2011 年营业收入
＝(30 970 311.46－28 445 649.13)÷30 970 311.46
≈8.15％

2011 年营业利润率＝2011 年营业利润÷2011 年营业收入
＝－301 930.44÷30 970 311.46
≈－0.97％

2011 年利润率＝2011 年利润总额÷2011 年营业收入
＝－245 342.93÷30 970 311.46
≈－0.79％

2011 年净利率＝2011 年净利润÷2011 年营业收入
＝－334 242.74÷30 970 311.46
≈－1.08％

获利能力指标	2010 年	2011 年	增　减　额
毛利率	8.49％	8.15％	－0.33％
营业利润率	2.39％	－0.97％	－3.37％
利润率	2.39％	－0.79％	－3.18％
净利率	1.78％	－1.08％	－2.86％

通过计算分析认为，毛利率两年变化不大，略有下降，企业营业成本能得到合理的弥补。营业利润率下降较多，2011 年为负数，主要原因在于三项期间费用的增加较快。通过对利润率的分析，认为营业外收支净额影响较小。净利率主要受营业利润率的影响，2011 年为负数，可以看出该企业获利能力弱。

综上，与收入相关的获利能力指标都较上一年度下降，只有毛利率与上个年度相差不大，由以上分析可以看出，企业与收入相关的获利能力较弱，且 2011 年呈现负数，原因在于三项期间费用增长迅速，建议加强成本控制。

第二节　与资本资产相关的获利能力分析

一、与资本资产相关的获利能力分析

与资本资产相关的获利能力分析是指通过计算投资报酬率来分析投资报酬能力。投资报酬是指企业投入资本后获得的回报。从经济学的观点来看，投资是消费的延迟，目的是为了增加未来财富。不同的投资项目，其承担的风险不同，投资者要求的投资回报也就不同。投资报酬率是指企业投资回报与投入资本的比率。作为一种收益率，投资报酬率反映了企业向长期资金提供者支付报酬的能力以及企业吸引未来资金的能力，是从资本投入和资金使用的角度对企业盈利能力作出的评价。

(一)影响投资报酬能力的内部因素

1. 收益总额

收益总额主要包括息税前利润、利润总额和净利润。收益总额是投资报酬能力的正向影响因素，分析者应注意对各项收益来源和结构进行分析，判断各自的贡献度。

2. 利息费用

利息费用从财务角度可以确认为当期费用，也可以被资本化处理计入资产科目。对总资产报酬率有正向影响。

3. 所得税率

所得税降低可以提高净利润，对总资产报酬率有反向的影响作用。一般企业通过

一定的税收筹划之后，所得税可以调到一个最低点。

4. 平均资产规模

假设收益不变的情况下，平均资产规模占用越小，总资产报酬率越高，对总资产报酬率的影响是反向的。

(二)影响投资报酬能力的外部因素

1. 行业或产业发展情况

朝阳产业和高收益行业的投资报酬能力会比较高，但风险相对也较大；而处于夕阳产业和低收益行业的企业，一般投资报酬能力较弱，但风险相对较低。例如，前些年的网络公司就属于朝阳行业，投资报酬能力较高，而发展到后期股票价格下跌的原因之一就在于行业竞争激烈，投资报酬能力开始减弱。

2. 产品市场情况

产品竞争能力和产品结构是影响企业获利水平的决定因素之一，竞争力高的产品盈利能力强，产品组合可以降低市场风险，有利于提高企业市场竞争力，增强投资报酬能力。

3. 成本控制水平

争取扩大销售的同时，加强成本管理，有效组织成本核算和控制，可以提高投资报酬能力。

4. 发展前景

有潜力的企业，暂时的投资报酬率低不能说明企业盈利能力不会在未来发生改变。

(三)投入资本资产分四个层次

第一层：全部资产——按照投资配比原则，与企业全部投资相对应的投资收益就应该是利息，所得税和净利润之和，即息税前利润。

第二层：长期资本——长期资本是所有者权益资本和长期负债之和，但不包括流动负债。与长期资本相配比的收益部分是息税前利润减去短期债务利息。

第三层：所有者权益资本——即净资产。与之配比的收益部分是净利润。

第四层：实收资本——与实收资本配比的收益部分也是净利润。

(四)获利能力分析

根据层次的划分，我们主要将投资报酬率分成以下两类来学习。

1. 与总资产相关的获利能力分析

与总资产相关的获利能力指标统称总资产报酬率，总资产报酬率反映了企业利用全部资产创造利润的能力。主要包括以下三类：

总资产息税前利润率＝息税前利润÷平均总资产

总资产利润率＝利润总额÷平均总资产

总资产净利率＝净利润÷平均总资产(投资者)

其中，　　平均总资产＝(期末总资产＋期初总资产)÷2

分析时应注意以下几点：

(1)该指标直接体现资产运用效率和资金利用效果之间的关系；可反映企业盈利的持久性和稳定性，确定企业面临的风险，并反映企业经营管理水平的高低。经营者常用。

(2)应适度降低资产占用额，不盲目追求规模效应，提高资产运用效率，重视资产结构的影响，合理安排资产构成，优化资产结构。

(3)可结合趋势分析和同业比较法。

2. 与净资产相关的获利能力分析

(1)净资产报酬率

净资产报酬率＝净利润÷平均净资产

分析时应考虑以下要点：

①净资产报酬率是从所有者权益的角度来考核企业获利能力以及投资回报能力的，因而最被所有者关注，对企业具有重大影响。该指标越高，企业净资产使用效率就越高，投资者的利益保障程度也就越大。

②通过该指标，一方面可以判定企业的投资效益，另一方面可以了解企业管理水平。对该指标的分析还是所有者考核其投入资本保值增值程度的基本途径。

(2)资本金收益率

资本金收益率＝净利润÷平均资本金

分析时应考虑以下要点：

①资本金报酬率衡量的是企业所有者投入资本赚取利润的能力，公式中的资本金是资产负债表上的实收资本项目。该指标越高，表明投资者投入企业资金得到的回报就越高。

②通过分析该指标不仅可以了解企业管理水平和经济效益的高低，而且还可以判定企业的投资效益高低。

(3)长期资本报酬率

长期资本报酬率＝(利润总额＋长期负债利息)÷平均长期资本

二、与资本资产相关的获利能力项目化分析教学模块

沿用表 2 资料，结合表 3 资料进行分析：

表 3 某锅炉成套设备有限公司 2010/2011 资产负债表 单位：元

项　目	年　份	
资产	2010 年年末	2011 年年末
流动资产：		
货币资金	458 039.22	1 729 706.54
交易性金融资产		
应收票据	50 000.00	410 000.00

续表

项　　目	年　份	
资产	2010 年年末	2011 年年末
应收利息		
应收股利		
应收账款	6 107 000. 36	6 857 153. 16
其他应收款	39 660. 54	30 939. 87
预付账款		
存货	2 941 442. 13	2 673 385. 96
待摊费用		
其他流动资产		
流动资产合计	9 596 142. 25	11 701 185. 53
长期投资：		
长期股权投资		
长期债权投资		
长期投资合计		
固定资产：		
固定资产原价	6 574 112. 79	7 200 844. 84
减：累计折旧	2 490 194. 62	2 829 494. 93
固定资产净值	4 083 918. 17	4 371 349. 91
减：固定资产减值准备		
固定资产净值		
工程物资		
在建工程		
固定资产清理		
固定资产合计	4 083 918. 17	4 371 349. 91
无形资产及其他资产：		
无形资产	420. 00	
长期待摊费用		
其他长期资产		
无形资产及其他资产合计	420. 00	
资产合计	13 680 480. 42	16 072 535. 44
流动负债：		
短期借款	8 024 500. 00	6 074 500. 00

续表

项　　目	年　份	
资产	2010年年末	2011年年末
应付票据		
应付账款	1 833 856.21	1 805 473.16
预收账款		
应付工资	158 502.62	226 427.62
应付福利费		
应付股利	249 935.59	249 935.59
应交税金	143 798.73	74 708.99
其他应交款	19 788.16	33 941.37
其他应付款	60 786.39	255 512.39
预提费用		
预计负债		
流动负债合计	10 491 167.70	8 720 499.12
长期负债：		
长期借款		4 500 000.00
应付债券		
长期应付款	600 000.00	600 000.00
专项应付款		
长期负债合计	600 000.00	5 100 000.00
负债合计	11 091 167.70	13 820 499.12
所有者权益：		
实收资本	1 038 000.00	1 038 000.00
资本公积	145 673.45	145 673.45
盈余公积	100 651.89	100 651.89
其中：法定公益金	100 651.89	100 651.89
未分配利润	1 304 987.38	967 710.98
所有者权益合计	2 589 312.72	2 252 036.32
负债和所有者权益总和	13 680 480.42	16 072 535.44

【参考答案】

计算前应注意的是，报表仅提供了2010年和2011年两年的资产负债表数据，因此在本题目中只能计算出2011年的平均总资产、平均净资产和平均实收资本。

平均总资产＝(2011 年总资产＋2010 年总资产)÷2
＝(13 680 480.42＋16 072 535.44)÷2
＝14 876 507.93

平均净资产＝(2011 年净资产＋2010 年净资产)÷2
＝(2 589 312.72＋2 252 036.32) ÷2
＝2 420 674.52

平均实收资本＝(2011 年实收资本＋2010 年实收资本)÷2
＝1 038 000.00

2011 年总资产利润率＝2011 年利润总额÷平均总资产
＝－245 342.93÷14 876 507.93
≈－1.65%

2011 年总资产净利率＝2011 年净利润÷平均总资产
＝－334 242.74÷14 876 507.93
≈－2.25%

2011 年净资产收益率＝2011 年净利润÷平均净资产
＝－334 242.74÷2 420 674.52
≈－13.81%

2011 年资本金收益率＝2011 年净利润÷平均实收资本
＝－334 242.74÷1 038 000.00
≈－32.20%

获利能力指标	2011 年
总资产利润率	－1.65%
总资产净利率	－2.25%
净资产收益率	－13.81%
资本金收益率	－32.20%

总资产利润率为负数，原因是利润总额为负数，企业主营业务效益欠佳。总资产净利率、净资产收益率和资本金收益率均为负数。企业在 2011 年度的获利情况差。

由获利能力的指标分析(包括与收入相关的获利能力指标)可以看出，企业因三项期间费用的大幅度增长，影响了企业资产获利水平和股东获利，因此，企业应注意期间费用的控制，提高获利能力。

第四章

营运能力分析

营运能力是指企业资产周转的效率，又称资产周转能力。营运能力分析就是对反映企业资产营运效率的指标进行计算与分析。

做营运能力分析，对外部人来说其分析目的在于为信贷和投资决策提供依据，此处的外部人包括潜在投资者和银行等信贷机构；对内部人来说其分析目的在于检验资产运用是否合理，资金使用是节约还是浪费，此处的内部人指的是经营管理者和现有投资者等。

营运能力分析，是将利润表中的收入或成本费用与资产项目相除，反映资产得到弥补的速度。企业投入的资产究竟通过多少次循环或者多长时间可以通过收入来收回资金，就由营运能力指标表现。资产周转越快，收回越快，企业营运能力越强，同等数量的资产带来的收入越多。收入越多，可以增加利润额，提高股东回报水平和偿债能力。关于营运能力、获利能力和偿债能力，在第六章会详细讨论三者之间的相互关系。

营运能力分析可分为三个层次来逐次进行：

第一层，对总资产周转能力进行分析。企业的全部经济资源就是总资产，经济资源相互影响并且运营后能否为企业带来更多收入，由总资产周转能力指标体现出来。

第二层，对流动资产和非流动资产的周转能力进行分析。流动资产和非流动资产是构成总资产的两个部分，分别分析流动资产和非流动资产的周转能力，从两者的周转能力的大小以及变化可以分析对总资产周转能力的影响。

第三层，对流动资产的主要构成要素，即现金、应收账款、存货周转状况进行分析，从这三者的情况可以概括分析流动资产周转能力；对非流动资产的主要构成要素，即固定资产进行分析。

第一节 营运能力分析指标

一、营运能力指标的分析与计算

1. 总资产营运能力分析

分析总资产的利用效率，可以利用拥有资产数量和每年产值之间的比率来反映企业在资产利用效率方面的能力，即总资产周转率，公式如下：

总资产周转率(次)＝营业收入÷平均总资产

总资产周转期(天)＝360天÷总资产周转率

其中， 平均总资产＝(期初总资产＋期末总资产)÷2

从公式可以看出，总资产周转率越高，周转期就越短，说明企业总资产的管理和利用效率越高。周转率单位为次/年。

分析时应注意以下要点：

(1)总资产周转率反映了企业资产创造销售收入的能力。该周转率越高，企业全部资产经营效率越好，取得的收入越高，盈利能力和偿债能力也越强。

(2)增加收入和减少总资产占用可以提高该指标值。

(3)要注意总资产周转率的异常变化。例如，销售收入基本不变时，企业突然报废固定资产，会使当期总资产周转率大幅度上升，此时该指标就不再具有参考价值，应特别注意。

【例4-1】

某汽车配件制造公司期初总资产740万元，期末总资产850万元，期末获得的营业收入为500万元。

要求：评价该公司总资产的利用效率。(总资产周转率行业标准为0.5次)

【参考答案】

平均总资产＝(740＋850)÷2＝795(万元)

当期总资产周转率＝500÷795≈0.63(次)

总资产在一年以内周转0.63次，即能在两年内周转一次。作为制造业企业，总资产利用效率较高，使得企业盈利能力和偿债能力也随之变强，公司资源使用效率高。

2. 流动资产营运能力分析

(1)流动资产周转率

要分析流动资产的利用效率，可以利用拥有流动资产数量和每年产值之间的比率来反映企业在流动资产利用效率方面的能力，即流动资产周转率，公式如下：

流动资产周转率＝营业收入÷平均流动资产

平均流动资产＝(期末流动资产＋期初流动资产)÷2

分析时应注意以下要点：

①流动资产周转得快，就能迅速从生产销售环节中收回资金，那么，就能相对节约流动资产，扩大企业非流动资产的投入，增强企业的获利能力；周转慢，则需要补充流动资金，造成资金浪费，降低企业经济效益。

②该指标越高，偿债能力和盈利能力随之增强。

③由于流动资产是短期偿债能力的基础，企业应该有一个比较稳定的流动资产数额，并以此提高效率，应防止企业以大幅度降低流动资产为代价追求高周转率。

【例 4-2】

M公司主营业类项目是餐饮类。期末公司流动资产 3 900 万元，期初1 900万元；期末取得营业收入1 200万元。

要求：分析M公司流动资产的利用效率(流动资产周转率的行业内平均水平为2次)。

【参考答案】

$$平均流动资产=(3\ 900+1\ 900)\div 2=2\ 900(万元)$$

$$流动资产周转率=1\ 200\div 2\ 900=0.42(次)$$

M公司期末流动资产周转率小于行业标准周转次数少，周转效率低，流动资产的管理和利用效率不高，导致了资金的浪费，需要补充流动资金。这样低的利用效率，给公司带来的经济效益也很低。

(2)存货周转率

$$存货周转率=营业成本\div 平均存货$$

其中，
$$平均存货=(期末存货+期初存货)\div 2$$

分析时应注意以下要点：

①存货周转次数越多，企业存货的流动性越强，企业销售商品的能力越强，存货转换为现金和应收账款的速度越快，存货利用效率就越高。存货周转快，转换为现金和应收账款，属于速动资产，企业速动资产增加，短期偿债能力也得到了提高。

②存货是按成本计价的。

③存货周转率如果过高，则说明企业存货不足，可能引起脱销或者停工待料，影响正常经营。

④存货批量的不同也会对存货周转率产生影响，批量小周转快。

【例 4-3】

L公司期末存货 3 500 万元，期初存货 3 200 万元，期初营业收入 2 700 万元，期末营业收入 2 300 万元，期初营业成本 1 300 万元，期末营业成本 1 100 万元。

要求：评价企业期末存货的利用效率和短期偿债能力(行业标准为 1.5)。

【参考答案】

$$平均存货=(3\ 500+3\ 200)\div 2=3\ 350(万元)$$

$$期末存货周转率=1\ 100\div 3\ 350\approx 0.33(次)$$

存货一年内周转不到1次，在本行业内属于周转速度较慢的企业，影响存货变现，也会影响流动资产的变现能力，进而降低企业的短期偿债能力。

(3)平均货币资金

平均货币资金=(期初货币资金+期末货币资金)÷2

现金周转率=营业收入÷平均货币资金

分析时应注意以下要点：

①现金包括库存现金、银行存款和其他货币资金。

②该指标反映了每百元现金所能创造的营业收入。

③该指标越大，企业现金的周转能力越强，营运状况越好。

【例 4-4】

某公司期末货币资金共 370 万元，期初货币资金 780 万元，期末营业收入 300 万元。要求：评价该企业货币资金的利用效率(现金周转率行业标准为 3 次)。

【参考答案】

平均货币资金=(370+780)÷2=575(万元)

现金周转率=300÷575≈0.52

计算可知，每百元现金能为企业带来 52 元的营业收入。现金利用效率低于行业标准，现金周转能力不够强。

(4)应收账款周转率

应收账款周转率=营业收入净额÷平均应收账款

平均应收账款=(期初应收账款+期初应收票据+期末应收账款+期末应收票据)÷2

应收账款周转率越高，及时收回应收账款的能力就越强，企业现金就越多；进一步讲，企业应收账款变现后，短期偿债能力随之变强。

此外，因为赊销收入不能直接在利润表中反映出来，所以直接用营业收入来代替赊销收入。营业收入净额是扣除现金折扣和折让后的营业收入。

分析时应注意以下要点：

①平均应收账款中应包括应收票据金额。

②应收账款周转率和周转天数受企业信用政策影响。该比率高可减少收账费用和坏账损失，该比率下降可能是企业信用政策、客户拖延和客户财务困难造成的。过快的周转速度可能会危及企业销售增长，损害市场占有率。

③季节性强的企业，年末年初余额变化大，应缩短其周转天数。

【例 4-5】

W 公司期末营业收入 2 300 万元，应收账款 1 200 万元，应收票据 900 万元，期初应收账款 950 万元，应收票据 350 万元；该企业不受季节性影响。

要求：评价企业应收账款的营运能力(行业标准值为 1)。

【参考答案】

平均应收账款=(950+350+1 200+900)÷2=1 700(万元)

期末应收账款周转率=2 300÷1 700=1.35

该企业应收账款周转率高于行业标准，企业收现能力强，信用政策较紧。如果有扩大销售的必要，则可以适当放松信用政策。

此外，周转期和周转率存在如下关系：

周转期=360 天÷周转率

现金周转期=360 天÷现金周转率

存货周转期=360 天÷存货周转率

应收账款周转期=360 天÷应收账款周转率

由此可见，周转期越长，周转速度越慢。

(5)营业周期

营业周期，是指的将存货全部转换成为现金所需的时间。存货转换为现金，可直接转换或者先转换成应收账款再收回现金。

营业周期=存货周转期+应收账款周转期

3. 非流动资产营运能力分析

非流动资产周转率=营业收入÷平均非流动资产

固定资产周转率=营业收入÷平均固定资产

固定资产周转期=360÷固定资产周转率

这里可以采取固定资产原值或净值。周转率越高，企业运用固定资产创造的营业收入就越多，固定资产结构分布得越合理，利用效率越高。

分析时应注意以下要点：

(1)固定资产的周转速度受折旧方法的影响。固定资产折旧速度快，则周转快。

(2)固定资产的周转速度还会受到固定资产内部结构的影响。因此应分析其内部结构，分析生产经营用、非生产经营用、使用中、未使用及不需要使用的固定资产占固定资产总额的比例大小。其中，生产经营用和使用中的固定资产占比，有助于提高固定资产的周转速度，提高其利用效率。

二、营运能力分析项目化分析模块

表 4 M过滤设备有限公司 2011 年资产负债表 单位：元

资　　产	期初数	期末数	负债及所有者权益	期初数	期末数
流动资产：			流动负债：		
货币资金	4 964 529.36	6 252 922.78	短期借款		
短期投资			应付票据		
应收票据			应付账款	18 708 890.96	10 103 890.00
应收股利			预收账款	3 010 462.75	2 682 720.33
应收利息			应付工资		
应收账款	5 304 449.17	6 200 504.31	应付福利费		

续表

资　　产	期初数	期末数	负债及所有者权益	期初数	期末数
其他应收款	883 970.75	1 288 575.34	应付股利		
预付账款	644 365.94	1 265 905.74	应交税金	－515 488.28	－221 914.35
应收补贴款			其他应交款	72 465.69	103 746.55
存货	4 757 769.64	4 273 062.49	其他应付款	2 387 392.83	1 005 089.21
待摊费用	229 610.00	120 276.67	预提费用		
一年内到期的长期债权投资			预计负债		
其他流动资产			待转资产价值		
流动资产合计	16 784 694.86	19 401 247.33	一年内到期的长期负债		
长期投资：			其他流动负债		
长期股权投资					
长期债权投资			流动负债合计	23 663 723.95	13 673 531.74
			长期负债：		
合并价差			长期借款		
长期投资合计			应付债券		
固定资产：			长期应付款		
固定资产原价	11 375 072.47	13 649 250.97	专项应付款		
减：累计折旧	1 679 342.99	2 808 064.50	他长期负债		
固定资产净值	9 695 729.48	10 841 186.47	长期负债合计		
减：固定资产减值准备			递延税项：		
固定资产净额	9 695 729.48	10 841 186.47	递延税款贷项		
工程物资			负债合计	23 663 723.95	13 673 531.74
在建工程					
固定资产清理			少数股东权益		
固定资产合计	9 695 729.48	10 841 186.47	所有者权益：		
无形资产及其他资产：			实收资本	2 000 000.00	15 000 000.00
无形资产	131 615.73	102 771.81	减：已归还投资		
长期待摊费用	1 239 370.64	1 460 857.05	实收资本净额	2 000 000.00	15 000 000.00

续表

资　　产	期初数	期末数	负债及所有者权益	期初数	期末数
待处理财产损益			资本公积		
其他长期资产			盈余公积		313 253.09
无形资产及其他资产合计	1 370 986.37	1 563 628.86	其中：法定公益金		
递延税项：			未分配利润	2 187 686.76	2 819 277.83
递延税款借项			所有者权益合计	4 187 686.76	18 132 530.92
资产总计	27 851 410.71	31 806 062.66	负债及所有者权益总计	27 851 410.71	31 806 062.66

表 5　M 过滤设备有限公司 2011 年度利润及利润分配表　　单位：元

项　　目	上期数	本期数
一、营业收入	72 200 057.67	69 257 858.60
减：营业成本	58 856 233.60	54 337 827.62
营业税金及附加	504 278.24	292 851.39
营业费用	6 521 507.88	5 685 715.44
管理费用	4 869 824.84	7 886 413.71
财务费用	−5 824.36	234 383.04
二、营业利润(亏损以“−”号填列)	1 454 037.47	820 667.40
加：投资收益(损失以“−”号填列)		
补贴收入	89 614.00	613 875.00
营业外收入	1 176.41	6 066.09
减：营业外支出	120 741.00	120 340.85
三、利润总额(亏损总额以“−”号填列)	1 424 086.88	1 320 267.64
减：所得税	361 000.29	346 289.29
少数股东损益		
四、净利润(净亏损以“−”号填列)	1 063 086.59	973 978.35
加：年初未分配利润	1 124 788.64	2 187 686.76
其他转入	−188.47	−29 134.19
五、可供分配的利润	2 187 686.76	3 132 530.92
减：提取法定盈余公积		
提取法定公益金		313 253.09
提取职工奖励及福利基金		
提取储备基金		

续表

项　　目	上期数	本期数
提取企业发展基金		
利润归还投资		
六、可供股东分配的利润	2 187 686.76	2 819 277.83
减：应付优先股股利		
提取任意盈余公积		
应付普通股股利		
转作资本(或股本)的普通股股利		
七、未分配利润	2 187 686.76	2 819 277.83

【参考答案】

平均总资产＝(27 851 410.71＋31 806 062.66)÷2＝29 828 736.69(元)

平均流动资产＝(16 784 694.86＋19 401 247.33)÷2＝ 18 092 971.10(元)

平均存货＝(4 757 769.64＋4 273 062.49)÷2＝4 515 416.07(元)

平均应收账款＝(5 304 449.17＋6 200 504.31)÷2＝5 752 476.74(元)

平均货币资金＝(4 964 529.36＋6 252 922.78)÷2＝5 608 726.07(元)

平均固定资产＝ (9 695 729.48＋10 841 186.47)÷2＝10 268 457.98(元)

总资产周转率＝营业收入÷平均总资产

＝69 257 858.60÷29 828 736.69≈2.32

流动资产周转率＝营业收入÷平均流动资产

＝69 257 858.60÷18 092 971.10≈3.83

存货周转率＝营业成本÷平均存货

＝54 337 827.62÷4 515 416.07≈12.03

应收账款周转率＝营业收入净额÷平均应收账款

＝69 257 858.60÷5 752 476.74≈12.04

现金周转率＝营业收入÷平均货币资金

＝69 257 858.60÷5 608 726.07≈12.35

固定资产周转率＝营业收入÷平均固定资产

＝69 257 858.60÷10 268 457.98≈6.74

营业周期＝365 天/应收账款周转率＋365 天/存货周转率

＝365/12.04＋365/12.03≈61

营运能力指标	2011 年	行业标准
总资产周转率	2.32	0.02～0.05
流动资产周转率	3.83	2～4

续表

营运能力指标	2011 年	行业标准
存货周转率	12.03	3.6～6
应收账款周转率	12.04	6～9
现金周转率	12.35	5～8
固定资产周转率	6.74	0.1
营业周期	61	100～160

(1)总资产周转率高于行业标准，企业资产运用效率高。

(2)流动资产周转率位于行业标准范围内，流动资产没有闲置，运用得当。

(3)存货周转率较高，高于行业标准，企业属于订单式生产，存货较少。

(4)应收账款周转率高于行业标准，款项收回较快，如果是经济平稳时期，可以放宽信用政策，扩大销售，以增加收入。

(5)现金周转率高于行业标准，说明企业现金利用合理，周转很快。

(6)固定资产周转率较快，生产能力得到合理利用。

(7)营业周期短，企业存货销售速度快，容易实现主营业务的销售。

总之，企业资产周转能力较强。企业营运能力强，会影响企业偿债能力和获利能力，进而提高收益。

第五章

报表质量分析

第一节 资产负债表趋势分析

资产负债表的趋势分析是将每个项目的报告期金额与基期金额进行比较，编制比较资产负债表。通过对报表中各项目的变动情况进行分析，观察企业有关财务状况及具体项目的变化趋势，对比较资产负债表中一些重要的异常项目，运用例外原则进行分析。

一、资产变动分析

1. 资产总体分析

资产总体分析是指从非流动资产和流动资产的变化趋势来分析总资产发生变化的原因。

【例 5-1】

分析江苏某公司的资产变动趋势。

单位：万元

项　　目	期　末	期　初	增减额	增减速度
流动资产	63 206	94 078	－30 872.00	－32.82%
非流动资产	42 684	35 278	7 406.00	20.99%
总资产	105 890	129 028	－23 138.00	－17.93%

【分析】

期末总资产减少 2 个多亿，减少速度 17.93%，主要原因是期末流动资产减少了 3 个亿，而非流动资产增加 7 000 多万元，期末企业减少了流动资产的持有，而购置了更多的生产设备。

2. 固定资产趋势分析

固定资产包括资产负债表中的固定资产、在建工程、工程物资、固定资产清理等项目。是企业对内的投资。在建工程和工程物资最后会转入固定资产项目，而现金流量表可以反映折旧的情况和新购置固定资产的情况。通过分析固定资产的变化，可以观察企业生产能力的变化。

【例 5-2】

分析江苏某公司报表中固定资产变动趋势。

单位：万元

项　　目	期　末	期　初	增减额	增减速度
固定资产	32 368	24 905	7 463	29.97%
在建工程	2 937	2 796	141	5.04%
工程物资	0	0	0	—
固定资产清理	0	0	0	—

【分析】

固定资产项目增加了 7 000 多万，一方面是因为固定资产购置增加，另一方面是因为在建工程一部分转入到了固定资产中去。固定资产增加是非流动资产增加的主要原因。

3. 流动资产趋势分析

流动资产包括现金、银行存款、存货等科目，这些科目的变动引起流动资产变动。因此，需要观察分析货币资金、应收账款和存货等类科目的金额变动情况。并可结合利润表的收入，评价与应收账款相关的信用政策。

【例 5-3】

分析江苏某公司报表中流动资产的变动趋势。

单位：万元

项　　目	期　末	期　初	增减额	增减速度
货币资金	35 714	43 572	−7 858	−18.03%
交易性金融资产	16.9	0	16.9	—
应收账款	28 080	33 048	−4 968	−15.03%
应收票据	1 636	1 268	368	29.02%
预付账款	12 882	13 541	−659	−4.87%
其他应收款	302	992	−690	−69.56%
存货	6 389	5 603	786	14.03%
其他流动资产	2 659	34	2 625	7 720.59%
流动资产合计	87 678.9	98 058	−10 379.1	−10.58%

【分析】

流动资产减少的原因之一是期末应收账款大量减少。而存货在期末却有所增加，这说明企业销售量减少导致了部分应收账款的减少，另外一部分减少的应收账款是期末已经收回并且新增的应收账款减少。

流动资产减少的另外一个原因是货币资金大量减少。货币资金和应收账款的减少，一方面造成了总资产的减少，另一方面缩减了可以用于固定资产投资的速动资产金额。

4. 长期股权投资趋势分析

多数情况下，长期股权投资是企业为辅助生产经营而做的对外投资。企业对其他企业进行股权投资可能有两种目的：一种是为长期持有，通过持有其大部分股权达到控制被投资单位的目的，进而对被控股单位施加重大影响以帮助本企业自身主营业务发展，在这种目的影响下的长期股权投资可能不会带来收益；另一种是为了达到分散经营风险的目的。在分析中应注意，投资收益增速若大于长期股权投资，则新的投资是可能为了第二种目的。若投资收益的增速小于长期股权投资，甚至为负数，则新的投资很可能是为了第一种目的。应在区分清楚投资目的之后，再分析投资是否达到了预期的效果。

投资收益包括投资所获得的股利收入和利息收入等。可以结合利润表的投资收益评价企业靠对外投资能获得多大收益。

【例 5-4】

分析江苏某公司的长期股权投资发展趋势。

单位：万元

项　　目	期　末	期　初	增减额	增减速度
长期股权投资	23 635	18 867	4 768	25.27%
投资收益	3 386	770	2 616	339.74%

【分析】

长期股权投资增加，为企业带来了更多的投资收益，从增减速度可以看出，长期股权增加的速度慢于投资收益增加的速度，那么投资越多回报越多。说明企业所进行的长期股权投资是合理的、有效益的。

5. 无形资产及长期待摊费用趋势分析

长期待摊费用的合理性是需要深入研究的内容，因为该项资产属于虚拟资产，不会给公司带来经济利益的流入。

无形资产在公司未来发展中起到关键的作用，需要具体结合无形资产的内容来分析，还可以分析公司的发展趋势。

【例 5-5】

分析江苏某公司报表中的无形资产和长期待摊费用变动趋势。

单位：万元

项　　目	期　末	期　初	增减额	增减速度
商誉	45	45	0	—
长期待摊费用	431	477	−46	−9.64%

【分析】

无形资产两年无变化。长期待摊费用减少对企业来说是虚拟资产的减少，减少幅度不大，说明企业期末没有产生太多的虚拟资产，优质资产较多。

二、负债及所有者权益变动分析

1. 权益总体分析

权益总体的变动主要是由负债和所有者权益的变动引起的。

【例 5-6】

江苏某公司权益总额变动趋势分析。

单位：万元

项　　目	期　末	期　初	增减额	增减百分比
负债总额	36 256	46 305	−10 049	−21.70%
所有者权益总额	69 633	59 898	9 735	16.25%
权益总额	105 889	106 203	−314	−0.30%

【分析】

权益总额的减少主要是由负债的减少引起的。负债减少，所有者权益增加，对企业来说，会加大资金成本，财务杠杆效应减少。

2. 所有者权益趋势分析

所有者权益包括实收资本、资本公积、盈余公积等内容，所有者权益趋势分析就是从这些科目入手来分析企业所有者权益的变动，并分析实收资本等项目变动的原因。

【例 5-7】

江苏某公司所有者权益变动分析。

单位：万元

项　　目	期　末	期　初	增减额	增减速度
实收资本	24 000	24 000	0	0
资本公积	9 355	9 355	0	0
盈余公积	9 326	7 993	1 333	16.68%
未分配利润	26 951	18 550	8 401	45.29%

【分析】

实收资本和资本公积都没发生变化，企业原始资本的投入没有增长。未分配利润增长了很多，说明企业留存了大量的利润用于未来发展。盈余公积增长与利润增长同步。若企业注重自身发展，可以考虑减少股利发放。

3. 负债趋势分析

负债的变动主要受长短期债务的影响。负债相对资产增加越快，财务杠杆效应越强，节税作用越大，对投资者越有利。

【例 5-8】

分析江苏某公司负债变动趋势。

单位：万元

项　　目	期　末	期　初	增减额	增减速度
流动负债	36 155	46 156	－10 001	－21.67%
非流动负债	101	149	－48	－32.21%

【分析】

引起负债减少的主要原因是期末偿还了比较多的到期债务，流动负债的减少。流动负债减少后，到期偿债压力变小了。非流动负债变化不大。

4. 流动负债趋势分析

在分析流动负债的变动趋势时，首先要找出引起流动负债变动的主要项目；其次，分析这些项目产生变动的原因；最后，结合之前偿债能力的指标讨论偿还到期债务的压力。

【例 5-9】

分析江苏某公司报表中流动负债变动趋势。

单位：万元

项　　目	期　末	期　初	增减额	增减百分比
短期借款	0	1 325	－1 325.00	－100.00%
应付票据	3 679	5 210	－1 531.00	－29.39%
应付账款	21 205	29 402	－8 197.00	－27.88%
预收账款	8 864	7 223	1 641.00	22.72%
应付职工薪酬	1 889	1 910	－21.00	－1.10%
应交税费	113	724	－611.00	－84.39%
其他应付款	404	305	99.00	32.46%
其他流动负债	0	55	－55.00	－100.00%

【分析】

短期借款和其他流动负债期末无发生额，应付款项减少了很多，这是流动负债减少的主要原因。应付职工薪酬变动不大，说明公司员工数量无太大变动。引起流动负债变化的主要原因是应付账款的减少。期末企业清偿了大量应付账款。

5. 非流动负债趋势分析

在分析非流动负债的过程中，注意民营中小企业的非流动负债普遍偏少，应找出引起非流动负债变动的主要原因。

作为长期资本来使用的非流动负债，偿债压力与流动负债相比不会太大，资金成本方面与所有者权益相比又较小。企业提高非流动负债的金额，一方面可以减少偿债压力，另一方面又可以节约资金成本，提高财务杠杆效应。

【例 5-10】

分析江苏某公司报表中的非流动负债趋势变动。

单位：万元

项　目	期　末	期　初	增减额	增减速度
递延所得税负债	4	4	0	0
其他非流动负债	3 010	3 010	0	0

【分析】

非流动负债几乎无变化，但是由于长期债务本身就比较少，长期债务难融资，两年无变化属于正常情况。长期债务偿债压力小，而且可以节约资金成本，可以考虑增加长期债务。

三、资产负债表趋势变动分析项目化分析模块

表 6　某沥青制造有限公司 2011 年资产负债表　　单位：元

资　产	期初数	期末数	负债及所有者权益	期初数	期末数
流动资产：			流动负债：		
货币资金	27 865 075.88	48 196 866.84	短期借款	19 000 000.00	10 000 000.00
短期投资		100 000.00	应付票据	52 000 000.00	94 799 950.00
应收票据			应付账款	26 457 839.17	87 009 081.96
应收股利			预收账款	−3 940.00	254 000.01
应收利息			应付工资		
应收账款	43 965 329.54	98 832 942.47	应付福利费		
其他应收款	11 631 270.98	32 056 131.27	应付股利		
预付账款	10 473 809.10	5 358 801.58	应交税金	121 345.74	260 848.88
应收补贴款			其他应交款	40 487.25	99 162.27

续表

资　　产	期初数	期末数	负债及所有者权益	期初数	期末数
存货	11 574 503.86		其他应付款	11 719 000.00	20 362 750.00
待摊费用			预提费用		
一年内到期的长期债权投资			预计负债		
其他流动资产			待转资产价值		
流动资产合计	105 509 989.36	184 544 742.16	一年内到期的长期负债		
长期投资：			其他流动负债		
长期股权投资					
长期债权投资			流动负债合计	109 334 732.16	212 785 793.12
			长期负债：		
合并价差			长期借款		
长期投资合计	—	—	应付债券		
固定资产：			长期应付款		
固定资产原价	576 801.99	1 666 487.23	专项应付款		
减：累计折旧	2 734.70	70 905.99	其他长期负债		
固定资产净值	574 067.29	1 595 581.24	长期负债合计	—	—
减：固定资产减值准备			递延税项：		
固定资产净额	574 067.29	1 595 581.24	递延税款贷项		
工程物资			负债合计	109 334 732.16	212 785 793.12
在建工程	2 132 365.24	1 172 680.00			
固定资产清理			少数股东权益		
固定资产合计	2 706 432.53	2 768 261.24	所有者权益：		
无形资产及其他资产：			实收资本	10 000 000.00	10 000 000.00
无形资产	4 983 640.00	4 600 283.08	减：已归还投资		
长期待摊费用			实收资本净额	10 000 000.00	10 000 000.00
待处理财产损益			资本公积	94 000.00	94 000.00
其他长期资产			盈余公积		
无形资产及其他资产合计	4 983 640.00	4 600 283.08	其中：法定公益金		

续表

资　　产	期初数	期末数	负债及所有者权益	期初数	期末数
递延税项：			未分配利润	－6 228 670.27	－30 966 506.64
递延税款借项			所有者权益合计	3 865 329.73	－20 872 506.64
资产总计	113 200 061.89	191 913 286.48	负债及所有者权益总计	113 200 061.89	191 913 286.48

【参考答案】

某沥青制造有限公司2011年比较资产负债表　　单位：元

资　　产	增减额	增减速度	负债及所有者权益	增减额	增减速度
流动资产：			流动负债：		
货币资金	20 331 790.96	72.97%	短期借款	－9 000 000.00	－47.37%
短期投资	100 000.00		应付票据	42 799 950.00	82.31%
应收票据	—		应付账款	60 551 242.79	228.86%
应收股利	—		预收账款	257 940.01	－6546.70%
应收利息	—		应付工资	—	
应收账款	54 867 612.93	124.80%	应付福利费	—	
其他应收款	20 424 860.29	175.60%	应付股利	—	
预付账款	－5 115 007.52	－48.84%	应交税金	139 503.14	114.96%
应收补贴款	—		其他应交款	58 675.02	144.92%
存货	－11 574 503.86	－100.00%	其他应付款	8 643 750.00	73.76%
待摊费用	—		预提费用	—	
一年内到期的长期债权投资	—		预计负债	—	
其他流动资产	—		待转资产价值	—	
流动资产合计	79 034 752.80	74.91%	一年内到期的长期负债	—	
长期投资：	—		其他流动负债	—	
长期股权投资	—			—	
长期债权投资	—		流动负债合计	103 451 060.96	94.62%
	—		长期负债：	—	
合并价差	—		长期借款	—	
长期投资合计	—		应付债券	—	
固定资产：	—		长期应付款	—	
固定资产原价	1 089 685.24	188.92%	专项应付款	—	
减：累计折旧	68 171.29	2492.83%	其他长期负债	—	

续表

资　产	增减额	增减速度	负债及所有者权益	增减额	增减速度
固定资产净值	1 021 513.95	177.94%	长期负债合计	—	
减：固定资产减值准备	—		递延税项：	—	
固定资产净额	1 021 513.95	177.94%	递延税款贷项	—	
工程物资	—		负债合计	103 451 060.96	94.62%
在建工程	−959 685.24	−45.01%		—	
固定资产清理	—		少数股东权益	—	
固定资产合计	61 828.71	2.28%	所有者权益：	—	
无形资产及其他资产：	—		实收资本	—	0.00%
无形资产	−383 356.92	−7.69%	减：已归还投资	—	
长期待摊费用	—		实收资本净额	—	0.00%
待处理财产损益	—		资本公积	—	0.00%
其他长期资产	—		盈余公积	—	
无形资产其他资产合计	−383 356.92	−7.69%	其中：法定公益金	—	
递延税项：	—		未分配利润	−24 737 836.37	397.16%
递延税款借项	—		所有者权益合计	−24 737 836.37	−639.99%
资产总计	78 713 224.59	69.53%	负债及所有者权益总计	78 713 224.59	69.53%

【分析】

由表中数据可看出，总资产增长较快，企业比较注重自身规模。企业总资产的增长主要是由流动资产的增长带来的，而流动资产的增长原因主要在于应收账款和货币资金的增加。此外，非流动资产中固定资产有所增加，存货减少，可以看出，企业生产和销售规模在加大，存货囤积减少。

负债和所有者权益总额增加，而资金的增加主要由负债来满足，所有者权益有所减少，原因在于未分配利润减少，企业赚取的净利润为负数，不能补充成本费用的开支。企业在成立初期注重规模效应，扩大生产销售是良策，但到后期应多用自身利润来满足新的资金需要。目前负债中流动负债增加较多，主要是因为扩大销售而增加了应付款项类的金额。流动负债偿债压力大，应注意流动比率的大小是否适当。

第二节　资产负债表结构分析

资产负债表结构百分比分析是对资产负债表中各项目占总体的比例大小进行对比

分析。应用结构百分比法编制出共同比资产负债表，其中，资产负债表结构百分比的计算是以每个项目的金额除以总体金额，所选择的总体始终是总资产。

一、资产结构分析

1. 资产总体结构分析

通过分析非流动资产和流动资产的结构百分比来分析总资产的构成情况，除了可以反映企业资产的分配，还可分析出企业所处的行业特征，或者根据企业所处的行业来提出资产结构分配的建议。

【例 5-11】

分析江苏某公司母公司的资产结构。

单位：万元

项　　目	期　末	期　初	期末结构百分比	期初结构百分比
流动资产	63 206	94 078	59.69%	72.73%
非流动资产	42 684	35 278	40.31%	27.27%
总资产	105 890	129 356	100.00%	100.00%

【分析】

总体而言，该公司流动资产所占比例较多，非流动资产所占比例较少，但从之前的趋势发展分析和结构分析都可以看出，无论是绝对金额上，还是整个结构比例上，期末企业减少了流动资产的持有，而购置了更多的生产设备，准备扩大生产。企业属于生产型企业。

2. 固定资产结构分析

通过分析固定资产在企业总资产中所占比例的情况，可以观察企业对生产能力的重视程度和未来发展趋势。固定资产结构比例的变化有可能是直接购置，也有可能是在建工程完工转入。直接购置可能带来货币资金的同时减少，如果能取得完整报表，则可以适当结合固定资产周转率来进行分析。当固定资产本身结构比例较大时，如果周转率小，则运用不充分，持有量应减少；反之亦然。

【例 5-12】

分析江苏某企业合并报表中固定资产结构。

项　　目	期　末	期　初	期末结构百分比	期初结构百分比
固定资产	32 368	24 905	24.09%	19.30%
在建工程	2 937	2 796	2.19%	2.17%
工程物资	0	0	0	—
固定资产清理	0	0	0	—

【分析】

固定资产项目绝对额增加了 7 000 多万元，占总资产比例也较期初有所增加。绝对额增加的原因，一方面是固定资产购置增加，另一方面是在建工程一部分转入到了固定资产中去；而结构比例增加的原因是企业更重视自身生产能力的提高，所以整个资产中固定资产占据了更大的比例。固定资产的结构比例增加是非流动资产结构比例增加的主要原因。

3. 流动资产结构分析

流动资产包括库存现金、银行存款、存货等科目，这些科目的结构比例会引起流动资产变现能力的变化以及整个流动资产结构的变化。因此，需要观察分析存货类等项目占总资产的比例。

【例 5-13】

分析江苏某公司合并报表中流动资产结构。

单位：万元

项　目	期　末	期　初	期末结构百分比	期初结构百分比
货币资金	35 714	43 572	26.58%	33.77%
交易性金融资产	16.9	0	0.01%	0.00%
应收账款	28 080	33 048	20.90%	25.61%
应收票据	1 636	1 268	1.22%	0.98%
预付账款	12 882	13 541	9.59%	10.49%
其他应收款	302	992	0.22%	0.77%
存货	6 389	5 603	4.76%	4.34%
其他流动资产	2 659	34	1.98%	0.03%
流动资产合计	87 678.9	98 058	65.27%	76.00%

【分析】

应收账款和货币资金结构比例的减少是流动资产结构比例减少的主要原因。减少原因与趋势变动分析中的原因一致。存货比例变化不大，说明企业资产整体缩水后仍按原来比例在生产，生产进度并未落后。需要注意的是，有时趋势变动和结构百分比并非同向变动，若异向变动，须分析其原因。

4. 长期股权投资结构分析

长期股权投资所占比例的大小也体现了企业是否重视发展自身经营业务。应比较固定资产结构百分比与长期股权投资结构百分比之间的大小，根据企业当前需要来调整两者的结构比例。

【例 5-14】

江苏某公司母公司的长期股权投资结构分析。

单位：万元

项　　目	期　末	期　初	期末结构比	期初结构比
长期股权投资	23 635	18 867	22.32%	17.76%
投资收益	3 386	770	—	—

【分析】

长期股权投资绝对额增加，为企业带来了投资收益绝对额的增加，说明企业所进行的长期股权投资是合理的、有效益的。企业在期末的时候提高了长期股权投资占总资产的比例，使非流动资产占总资产的比例增加，固定资产占总资产的比例也增加，唯有流动资产比例减少，说明企业通过减少流动资产的比例来提高自身生产能力和对外投资的比例。

5. 无形资产结构分析

无形资产在公司未来发展中是否起到关键的作用，需要具体结合无形资产的内容来分析。根据无形资产的结构百分比大小还可以分析公司的发展趋势。

【例 5-15】

江苏某公司合并报表中的无形资产和长期待摊费用结构比例分析。

项　　目	期　末	期　初	期末结构比	期初结构比
商誉	45	45	0.03%	0.03%
长期待摊费用	431	477	0.32%	0.37%

【分析】

该公司无形资产两年无变化。长期待摊费用比例少，虚拟资产的比例少，且变化不大，说明企业能带来经济利益流入的资产较多。无形资产占企业总资产的比例很小，说明企业并不重视自身的品牌效应，对自身行业的未来发展也没有太大信心，未来有转行的可能性。

二、融资结构分析

1. 融资结构分析

融资结构又称权益结构，主要受负债和所有者权益结构比例的影响。企业融资中，负债比例越大，财务杠杆效应越强，风险也越大。对投资者来说，在利润为正值且风险可控的情况下，负债结构比例越大，对投资者越有利。

【例 5-16】

江苏某公司母公司权益总额结构分析。

单位：万元

项　目	期　末	期　初	期末结构比	期初结构比
负债总额	36 256	46 305	34.24%	43.60%
所有者权益总额	69 633	59 898	65.76%	56.40%
权益总额	105 889	106 203	100.00%	100.00%

【分析】

融资结构中负债比例减少，所有者权益比例增加。企业负债比例减少，是流动资产中的货币资金持有比例减少的主要原因。对投资者来说，负债比例变少，所有者权益比例变大是不太有利的。企业能融资的负债金额减少后，只能通过提高所有者权益方面的融资金额来满足自身对资金的需求。

2. 所有者权益结构分析

所有者权益包括实收资本、资本公积、盈余公积等内容。应从这些科目入手来分析企业所有者权益的结构。实收资本属于股东投入资金，而未分配利润等是属于企业通过发展积累所得的资金，从这两者的比例分配情况可以看出企业当期主要依靠什么资金来满足需求。

【例 5-17】

江苏某公司母公司所有者权益结构分析。

单位：万元

项　目	期　末	期　初	期末结构百分比	期初结构百分比
实收资本	24 000	24 000	22.67%	22.60%
资本公积	9 355	9 355	8.83%	8.81%
盈余公积	9 326	7 993	8.81%	7.53%
未分配利润	26 951	18 550	25.45%	17.47%

【分析】

实收资本和资本公积都没发生变化，企业原始资本的投入和发展资金绝对金额都没有增长，结构百分比也没有太大变化。未分配利润比例增加是所有者权益比例增加的主要原因。融资结构中，这样的结构比例说明企业在需要新的资金时，使用的是自己赚取的新的利润，而非新的信贷或股东投资。

3. 负债结构分析

负债的结构主要受长短期债务结构的影响。流动负债和非流动负债的结构比例决定负债结构比例的大小，并且也决定负债带来的压力大小。

【例 5-18】

江苏某公司母公司负债结构分析。

单位：万元

项　　目	期　末	期　初	期末结构百分比	期初结构百分比
流动负债	36 155	46 156	34.14%	43.46%
非流动负债	101	149	0.10%	0.14%

【分析】

引起负债结构比例减少的主要原因是流动负债结构比例减少，流动负债绝对金额减少是其结构比减少的原因。由于期末短期债务融资减少了，所以不得不依赖企业的所有者权益资金。非流动负债变化不大，所占的结构百分比较小。

4. 流动负债结构分析

首先找出流动负债中占比最大的项目，然后分析这些项目比例的大小及变化的原因，最后讨论公司偿还到期债务的压力。

【例 5-19】

江苏某公司母公司报表中流动负债结构分析。

单位：万元

项　　目	期　末	期　初	期末结构百分比	期初结构百分比
短期借款	0	1 325	0.00%	1.25%
应付票据	3 679	5 210	3.47%	4.91%
应付账款	21 205	29 402	20.03%	27.68%
预收账款	8 864	7 223	8.37%	6.80%
应付职工薪酬	1 889	1 910	1.78%	1.80%
应交税费	113	724	0.11%	0.68%
其他应付款	404	305	0.38%	0.29%
其他流动负债	0	55	0.00%	0.05%

【分析】

引起流动负债结构比例减少的主要原因就是应付账款的结构百分比减少，且应付账款占流动负债的比例最大。期末企业清偿了大量应付账款，并且减少了应付账款在总资产中的比例。同时，存货销售量的减少，使得生产资料的购买量减少。综上，应付账款绝对金额和结构比例都有所减少。

5. 非流动负债结构分析

首先找出非流动负债中比例最大的项目，分析其所占比例较大的原因。作为长期资金来使用的非流动负债，在企业融资结构中占比较高对所有者有利，应注意在这方面提出适当的建议。

【例 5-20】

江苏某公司合并报表中的非流动负债结构分析。

单位：万元

项　　目	期　末	期　初	期末百分比	期初百分比
递延所得税负债	4	4	0.00%	0.00%
其他非流动负债	3 010	3 010	2.24%	2.33%

【分析】

非流动负债结构比例很小，首先是因为长期债务本身就比较少，长期债务难融资，两年无变化属于正常情况。长期债务偿债压力小，可以节约资金成本，在有能力的情况下考虑增加长期债务比例。

三、比较分析法和结构分析法的结合使用

1. 两种方法的区别

比较分析法着重分析资产和资金的规模变化，不同企业之间基本不做此类比较。结构分析法着重分析资产和资金内部结构的变化，同行业的不同企业可以比较结构比例。

2. 两种方法结合使用

通常在一张表的分析中，应结合两种方法使用。绝对金额变动有时候与结构比例变动同向，有时反向。当两者同向变动时，绝对金额变动的原因通常和结构比例变动的原因一致。当两者反向变动时，重点分析结构比例变动，结构比例的变动能反映出企业对不同资产的重视程度和未来发展趋势。

四、资产负债表结构分析项目化分析模块

结合上一节中表6的资料，分析该公司2011年的资产负债表结构。

【参考答案】

某沥青制造有限公司2011年共同比资产负债表

资　　产	期初结构比	期末结构比	负债及所有者权益	期初结构比	期末结构比
流动资产：			流动负债：		
货币资金	24.62%	25.11%	短期借款	16.78%	5.21%
短期投资	0.00%	0.05%	应付票据	45.94%	49.40%
应收票据	0.00%	0.00%	应付账款	23.37%	45.34%
应收股利	0.00%	0.00%	预收账款	0.00%	0.13%
应收利息	0.00%	0.00%	应付工资	0.00%	0.00%
应收账款	38.84%	51.50%	应付福利费	0.00%	0.00%
其他应收款	10.27%	16.70%	应付股利	0.00%	0.00%
预付账款	9.25%	2.79%	应交税金	0.11%	0.14%

续表

资　　产	期初结构比	期末结构比	负债及所有者权益	期初结构比	期末结构比
应收补贴款	0.00%	0.00%	其他应交款	0.04%	0.05%
存货	10.22%	0.00%	其他应付款	10.35%	10.61%
待摊费用	0.00%	0.00%	预提费用	0.00%	0.00%
一年内到期的长期债权投资	0.00%	0.00%	预计负债	0.00%	0.00%
其他流动资产	0.00%	0.00%	待转资产价值	0.00%	0.00%
流动资产合计	93.21%	96.16%	一年内到期的长期负债	0.00%	0.00%
长期投资：	0.00%	0.00%	其他流动负债	0.00%	0.00%
长期股权投资	0.00%	0.00%		0.00%	0.00%
长期债权投资	0.00%	0.00%	流动负债合计	96.59%	110.88%
	0.00%	0.00%	长期负债：	0.00%	0.00%
合并价差	0.00%	0.00%	长期借款	0.00%	0.00%
长期投资合计	0.00%	0.00%	应付债券	0.00%	0.00%
固定资产：	0.00%	0.00%	长期应付款	0.00%	0.00%
固定资产原价	0.51%	0.87%	专项应付款	0.00%	0.00%
减：累计折旧	0.00%	0.04%	其他长期负债	0.00%	0.00%
固定资产净值	0.51%	0.83%	长期负债合计	0.00%	0.00%
减：固定资产减值准备	0.00%	0.00%	递延税项：	0.00%	0.00%
固定资产净额	0.51%	0.83%	递延税款贷项	0.00%	0.00%
工程物资	0.00%	0.00%	负债合计	96.59%	110.88%
在建工程	1.88%	0.61%			
固定资产清理	0.00%	0.00%	少数股东权益	0.00%	0.00%
固定资产合计	2.39%	1.44%	所有者权益：	0.00%	0.00%
无形资产及其他资产：	0.00%	0.00%	实收资本	8.83%	5.21%
无形资产	4.40%	2.40%	减：已归还投资	0.00%	0.00%
长期待摊费用	0.00%	0.00%	实收资本净额	8.83%	5.21%
待处理财产损益	0.00%	0.00%	资本公积	0.08%	0.05%
其他长期资产	0.00%	0.00%	盈余公积	0.00%	0.00%
无形资产及其他资产合计	4.40%	2.40%	其中：法定公益金	0.00%	0.00%
递延税项：	0.00%	0.00%	未分配利润	−5.50%	−16.14%
递延税款借项	0.00%	0.00%	所有者权益合计	3.41%	−10.88%
资产总计	100.00%	100.00%	负债及所有者权益总计	100.00%	100.00%

资产方：在总资产中，流动资产占很大比例，超过 90%，2011 年有所提高，其中以应收账款和货币资金所占比例最大，应收账款的结构比例较 2010 年还有所增长。说明企业非常注重自身销售规模的扩大。应结合营运能力指标进行分析，选择合适的应收账款结构比例。

权益方：权益中的所有者权益 2011 年结构比例为负数，因为企业净利润为负数导致未分配利润减少(参照该公司利润表)，另外负债结构比例大虽然有助于节税，但负债中流动负债占较大比例，偿债压力较大。应结合该企业偿债能力指标，选择一个适当的结构比例进行调整。

第三节　利润表趋势分析

利润表的趋势变动分析重点在于观察企业的收入、成本费用和利润的规模变动。在利润表报表质量分析过程中应适当结合资产负债表和现金流量表的规模变动趋势进行分析，分析不同报表项目相互之间的联系和影响，如资产负债表中的未分配利润与利润表中净利润的关系等。

一、利润表趋势分析

1. 净利润趋势分析

从利润表来看，利润总额扣除所得税费得到净利润，所以在分析净利润的时候，影响净利润的两个主要因素是利润总额和所得税费。

【例 5-21】

江苏某公司净利润趋势变动分析。

单位：万元

项　　目	期　末	期　初	增减额	增减速度
利润总额	16 638.81	13 187.02	3 451.80	26.18%
减：所得税费用	3 303.85	3 187.37	116.48	3.65%
净利润	13 334.96	9 999.64	3 335.32	33.35%

【分析】

净利润的趋势变动主要受到利润总额和所得税费用的影响。净利润的增长主要受利润总额的增长影响。利润总额的增加速度大于所得税费用额增加速度，说明企业可能通过一定的税收筹划使得税率有所降低。利多税少，对企业来说是有利的。

2. 利润总额趋势分析

在利润表中，利润总额的影响因素包括营业利润和营业外收支的变动。营业利润反映的是企业经营业务内带来的利润，营业外收支是企业经营业务外的收入，不属于自身业务收入。

【例 5-22】

江苏某公司利润总额趋势变动分析。

单位：万元

项　　目	期　末	期　初	增减额	增减速度
营业利润	16 410.74	11 851.22	4 559.52	38.47%
营业外收入	236.07	1 355.79	−1 119.72	−82.59%
营业外支出	8.00	20.00	−12.00	−60.00%
利润总额	16 638.81	13 187.02	3 451.80	26.18%

【分析】

利润总额的增加主要受营业利润和营业外收支的影响。其中，导致利润总额增加的主要原因是营业利润的增加。营业外收入减少是利润总额的增速小于营业利润增速的原因。企业的利润主要来源于经营活动相关的业务上，而非与其生产经营无直接关系的各项收入(营业外收入)，说明企业处于正常生产经营状态中。

3. 营业利润趋势分析

营业利润主要受到主营业务利润和其他业务利润的影响。正常生产经营的企业业务收益应呈稳步增长趋势。

【例 5-23】

江苏某公司营业利润趋势变动分析。

单位：万元

项　　目	期　末	期　初	增减额	增减速度
营业收入	230 671.21	274 575.17	−43 903.96	−15.99%
减：营业成本	204 317.05	251 924.79	−47 607.73	−18.90%
营业税金及附加	51.38	27.96	23.42	83.75%
销售费用	11 487.70	11 725.47	−237.77	−2.03%
管理费用	2 187.94	2 375.66	−187.73	−7.90%
财务费用	−78.72	−3 332.69	3 253.97	−97.64%
资产减值损失	−301.14	773.44	−1 074.59	−138.94%
投资收益	3 386.75	770.69	2 616.06	339.45%
营业利润	16 410.74	11 851.22	4 559.52	38.47%

【分析】

营业利润的增长，一方面主要受到其他业务收入中投资收益的影响，从资产负债表可以看出，企业长期股权投资有所增长，对外投资合理有效，因此此项投资业务帮助企业增加了利润。另一方面，企业成本减少速度大于营业收入减少速度，因此企业相对做到了节约成本，虽然营业收入减少了，但是费用方面也有所减少，通过节约成本费用来达到了增加主营业务利润的目的。

4. 营业收入、营业成本趋势分析

营业收入和营业成本反映的是企业主营业务的具体情况，这两个项目从生产环节反映了成本对主营业务利润的影响。一般情况下营业税金及附加较少，可以不分析。

【例 5-24】

江苏某公司营业收入、营业成本趋势变动分析。

单位：万元

项　　目	期　末	期　初	增减额	增减速度
营业收入	230 671.21	274 575.17	−43 903.96	−15.99%
减：营业成本	204 317.05	251 924.79	−47 607.73	−18.90%

【分析】

受国际经济环境影响，外销产品减少了，期末营业收入减少了。但营业成本减少速度快于营业收入减少速度，说明企业虽然所处经济背景欠佳，但自身仍在不断提高技术能力和工人熟练程度，做到了成本的节约。从成本的减少速度来看，企业在自身主营业务方面的努力取得了成效，一定程度上缓解了外部环境压力。

5. 三项期间费用趋势分析

三项期间费用包括销售费用、财务费用和管理费用，这三项费用都可能对营业利润和净利润带来较大的影响，由于确认时间都是当期，所以跟营业成本的性质不同。分析时应注意其增长速度是否大于营业收入和营业成本。此外，销售费用和管理费用的变动与企业规模有关，企业资产规模缩水的情况下也可能导致销售费用和管理费用的减少。

【例 5-25】

江苏某公司期间费用趋势变动分析。

项　　目	期　末	期　初	增减额	增减速度
营业收入	230 671.21	274 575.17	−43 903.96	−15.99%
销售费用	11 487.70	11 725.47	−237.77	−2.03%
管理费用	2 187.94	2 375.66	−187.73	−7.90%
财务费用	−78.72	−3 332.69	3 253.97	−97.64%

【分析】

三项期间费用随营业收入的减少而减少，财务费用绝对额为负，说明手续费收入或者汇兑收益较多。三项期间费用的变动方向只有财务费用是负向变动的，说明汇兑收益减少，因为对外出口减少了。这三项费用的变化都与资产规模缩水有关。

6. 投资收益趋势分析

投资收益属于企业其他业务收入。企业投资收益变动应结合资产负债表中的长期股权投资进行分析。长期股权投资是指通过投资取得被投资单位的股份。长期股权投资的目的主要有两方面：一方面是希望通过股权投资达到控制被投资单位，或对被投资单位施加重大影响，为本公司提供服务，以便于增加本公司的收益，如果是出于这一目的那么投资收益为负或者比例很小也是正常的；另一方面是为了分散经营投资风险，如果是为了这个目的那么正常情况下投资收益应为正，若太少则说明投资并非合理有效。

【例 5-26】

江苏某公司投资收益趋势变动分析。

项　　目	期　末	期　初	增减额	增减速度
投资收益	3 386.75	770.69	2 616.06	339.45%
营业利润	16 410.74	11 851.22	4 559.52	38.47%

【分析】

投资收益增加是营业利润增加的主要原因之一。投资收益的增加速度明显偏快，一方面是由于企业长期股权投资金额增加；另一方面是由于投资有效，为企业带来了丰厚的回报。

二、利润表趋势分析项目化分析模块

表 6　某沥青制造有限公司利润及利润分配表　　单位：元

项　　目	上期数	本期数
一、营业收入	331 914 446.23	600 498 999.80
减：营业成本	324 464 725.10	591 158 336.51
营业税金及附加	418 602.09	715 576.72
营业费用	4 491 930.21	7 103 249.29
管理费用	554 496.10	1 164 032.21
财务费用	8 231 052.10	24 693 653.56
二、营业利润(亏损以“—”号填列)	—6 246 359.37	—24 335 848.49
加：投资收益(损失以“—”号填列)		
补贴收入		
营业外收入		
减：营业外支出	1 172.85	260 741.95
三、利润总额(亏损总额以“—”号填列)	—6 247 532.22	—24 596 590.44

续表

项　　目	上期数	本期数
减：所得税		
少数股东损益		
四、净利润(净亏损以"－"号填列)	－6 247 532.22	－24 596 590.44
加：年初未分配利润	18 861.95	－6 228 670.27
其他转入		－141 245.93
五、可供分配的利润	－6 228 670.27	－30 966 506.64
减：提取法定盈余公积		
提取法定公益金		
提取职工奖励及福利基金		
提取储备基金		
提取企业发展基金		
利润归还投资		
六、可供股东分配的利润	－6 228 670.27	－30 966 506.64
减：应付优先股股利		
提取任意盈余公积		
应付普通股股利		
转作资本(或股本)的普通股股利		
七、未分配利润	－6 228 670.27	－30 966 506.64

【参考答案】

某沥青制造有限公司 2011 年比较利润表

单位：元

项　　目	增减额	增减速度
一、营业收入	268 584 553.57	80.92%
减：营业成本	266 693 611.41	82.19%
营业税金及附加	296 974.63	70.94%
营业费用	2 611 319.08	58.13%
管理费用	609 536.11	109.93%
财务费用	16 462 601.46	200.01%
二、营业利润(亏损以"－"号填列)	－18 089 489.12	289.60%
加：投资收益(损失以"－"号填列)	—	
补贴收入	—	
营业外收入	—	

续表

项　　目	增减额	增减速度
减：营业外支出	259 569.10	22131.48%
三、利润总额(亏损总额以“－”号填列)	－18 349 058.22	293.70%
减：所得税	—	
少数股东损益	—	
四、净利润(净亏损以“－”号填列)	－18 349 058.22	293.70%
加：年初未分配利润	－6 247 532.22	－33122.41%
其他转入	－141 245.93	
五、可供分配的利润	－24 737 836.37	397.16%
减：提取法定盈余公积	—	
提取法定公益金	—	
提取职工奖励及福利基金	—	
提取储备基金	—	
提取企业发展基金	—	
利润归还投资	—	
六、可供股东分配的利润	－24 737 836.37	397.16%
减：应付优先股股利	—	
提取任意盈余公积	—	
应付普通股股利	—	
转作资本(或股本)的普通股股利	—	
七、未分配利润	－24 737 836.37	397.16%

净利润减少，原因在于利润总额减少，利润总额减少的主要原因是营业利润减少。企业利润项目减少的主要原因可以从表中直接看出，即成本费用的大幅度增加。营业收入虽然因企业规模扩大也有所提高，但营业成本和管理费用的增加速度都大于营业收入的增速，所以企业净利润减少的主要且直接的原因就在于营业成本增加较快。

第四节　利润表结构分析

利润表的结构百分比分析重点在于观察企业的成本费用和利润占收入的比例。编制结构百分比利润表使用的总体项目一般是营业收入，有的情况下也可以选择总资产。在选择营业收入作总体时，可以结合与收入相关的获利能力进行分析；在选择总资产作总体时，可以结合与资本资产相关的获利能力进行分析。结合资产负债表的结构进行对比分析，通过分析两者相互之间的联系，提出优化结构的建议。

一、利润表结构分析

1. 净利润结构分析

净利润是由利润总额扣除所得税后得到的，因此利润总额的比例通常决定着净利润的比例。如果所得税比例较大，应注意采用税收筹划的方法来调整税费。

【例 5-27】

江苏某公司净利润结构百分比分析。

单位：万元

项　　目	期　末	期　初	期末结构百分比	期初结构百分比
利润总额	16 638.81	13 187.02	7.21%	4.80%
减：所得税费用	3 303.85	3 187.37	1.43%	1.16%
净利润	13 334.96	9 999.64	5.78%	3.64%

【分析】

净利润占营业收入的比例期末有所增加，原因主要在于利润总额占营业收入的比例增加，说明企业在成本费用方面的支出得到了一定的控制。所得税费的趋势变动增加速度虽然比利润总额的增加速度慢，但是所占比例却有小幅度增长，建议企业采用一定的税收筹划措施降低所得税费所占比例。

2. 利润总额结构分析

利润总额的影响因素包括营业利润和营业外收支的结构比例。营业利润反映的是企业经营业务内收益，因此他的结构百分比反映的是企业从事的经营业务带来盈利的比例大小。营业外收支是企业经营业务外的收入，属于自身业务收入，其结构百分比反映的是企业非经营业务盈利的比例大小。正常生产经营的企业，一般应是营业利润占的比例较大。

【例 5-28】

江苏某公司利润总额结构比例分析。

单位：万元

项　　目	期　末	期　初	期末结构比	期初结构比
营业利润	16 410.74	11 851.22	7.11%	4.32%
营业外收入	236.07	1 355.79	0.10%	0.49%
营业外支出	8.00	20.00	0.00%	0.01%
利润总额	16 638.81	13 187.02	7.21%	4.80%

【分析】

从企业利润总额趋势变动分析得出，企业利润总额大部分来源于企业经营业务收入，现在从利润总额和营业利润的结构百分比可以看出，利润总额的比例与营业利润的比例相近，而营业外收支所占比例很小，因此利润总额主要是由营业利润构成。

3. 营业利润结构分析

营业利润主要受到主营业务利润和其他业务利润的影响，因此他的结构百分比大小也由主营业务利润和其他业务利润决定。

【例 5-29】

江苏某公司营业利润结构百分比分析。

单位：万元

项　　目	期　末	期　初	期末结构百分比	期初结构百分比
营业收入	230 671.21	274 575.17	100%	100%
减：营业成本	204 317.05	251 924.79	88.58%	91.75%
营业税金及附加	51.38	27.96	0.02%	0.01%
销售费用	11 487.70	11 725.47	4.98%	4.27%
管理费用	2 187.94	2 375.66	0.95%	0.87%
财务费用	−78.72	−3 332.69	−0.03%	−1.21%
资产减值损失	−301.14	773.44	−0.13%	0.28%
投资收益	3 386.75	770.69	1.47%	0.28%
营业利润	16 410.74	11 851.22	7.11%	4.32%

【分析】

分析中此项投资业务帮助企业增加了利润，但 2008 年和 2009 年两年投资收益只占企业 1%左右的比例，营业利润占营业收入的比例期末达到 7%，所以主营业务收入仍是企业营业利润的主要来源。此外，趋势分析中提到，虽然营业收入减少但通过节约成本费用仍达到了增加主营业务利润的目的，从结构比例来看，趋势分析的说法得到了再次印证。

4. 营业收入、营业成本结构分析

营业收入和营业成本反映的是企业主营业务的情况，主要是从生产环节来考虑成本对主营业务利润的影响。一般情况下营业税金及附加所占比例，可以不考虑，而营业成本都占较大比例，应重点观察营业成本的规模变动和结构变动，两者能说明企业的成本影响。

【例 5-30】

江苏某公司营业收入、营业成本结构百分比分析。

单位：万元

项　　目	期　末	期　初	期末结构比	期初结构比
营业收入	230 671.21	274 575.17	100%	100%
减：营业成本	204 317.05	251 924.79	88.58%	91.75%

【分析】

首先，营业成本所占比例较大，在90%左右，可以看出该公司主要使用薄利多销的销售政策。期末营业收入减少是受国际经济环境影响，外销产品减少了。另一方面，营业成本减少速度却比营业收入快，说明企业虽然所处经济背景欠佳，但自身仍然在提高技术方面的能力和工人熟练程度，做到了成本的节约。从成本的减少速度和结构百分比的减少来看，企业在自身的主营业务方面的努力取得了成效，无奈环境影响不可避免。

5. 三项期间费用结构分析

三项期间费用当期确认所占结构比例如果有所上升，应适度控制费用支出。特别是管理费用。

【例 5-31】

江苏某公司三项期间费用结构百分比分析。

单位：万元

项　　目	期　末	期　初	期末结构比	期初结构比
营业收入	230 671.21	274 575.17	100%	100%
销售费用	11 487.70	11 725.47	4.98%	4.27%
管理费用	2 187.94	2 375.66	0.95%	0.87%
财务费用	−78.72	−3 332.69	−0.03%	−1.21%

【分析】

三项期间费用规模随营业收入的减少而减少。从结构百分比上来看，企业销售费用占营业收入的比例较大，且有所增加，因此，销售费用是影响利润的主要成本费用。若企业希望通过控制期间费用来提高利润，应考虑从销售费用入手。

6. 投资收益结构分析

企业投资收益结构百分比分析应结合资产负债表中的长期股权投资进行。

【例 5-32】

江苏某公司投资收益结构百分比分析。

单位：万元

项　　目	期　末	期　初	期末结构比	期初结构比
投资收益	3 386.75	770.69	1.47%	0.28%
营业利润	16 410.74	11 851.22	7.11%	4.32%

【分析】

趋势分析中投资收益的增加速度明显偏快，一方面是由于企业长期股权投资金额增加，另一方面是因投资有效，为企业带来了丰厚的回报。但是企业仍专注于自身主营业务，精力主要放在主营业务之上。

二、利润表结构分析项目化分析模块

表 7　某沥青制造有限公司 2011 年共同比利润表

项　　目	上期结构比	本期结构比
一、营业收入	100.00%	100.00%
减：营业成本	97.76%	98.44%
营业税金及附加	0.13%	0.12%
营业费用	1.35%	1.18%
管理费用	0.17%	0.19%
财务费用	2.48%	4.11%
二、营业利润(亏损以“－”号填列)	－1.88%	－4.05%
加：投资收益(损失以“－”号填列)	0.00%	0.00%
补贴收入	0.00%	0.00%
营业外收入	0.00%	0.00%
减：营业外支出	0.00%	0.04%
三、利润总额(亏损总额以“－”号填列)	－1.88%	－4.10%
减：所得税	0.00%	0.00%
少数股东损益	0.00%	0.00%
四、净利润(净亏损以“－”号填列)	－1.88%	－4.10%
加：年初未分配利润	0.01%	－1.04%
其他转入	0.00%	－0.02%
五、可供分配的利润	－1.88%	－5.16%
减：提取法定盈余公积	0.00%	0.00%
提取法定公益金	0.00%	0.00%
提取职工奖励及福利基金	0.00%	0.00%
提取储备基金	0.00%	0.00%
提取企业发展基金	0.00%	0.00%
利润归还投资	0.00%	0.00%
六、可供股东分配的利润	－1.88%	－5.16%
减：应付优先股股利	0.00%	0.00%
提取任意盈余公积	0.00%	0.00%
应付普通股股利	0.00%	0.00%
转作资本(或股本)的普通股股利	0.00%	0.00%
七、未分配利润	－1.88%	－5.16%

【分析】

净利润结构比例减少，原因在于利润总额结构比例减少，利润总额结构比例减少的主要原因是营业利润结构比例减少。从结构分析表中可以明显看出，企业营业成本所占比例达到95%以上，2011年甚至有所提高。结合比较利润表，可以得出结论，企业若想提高自身收益，最直接的途径是降低成本。

第五节 现金流量表趋势分析

现金流量表的趋势变动分析，主要是观察企业各种活动为其带来的现金的变动情况。现金流量表中涉及的企业资金活动主要分为经营活动、投资活动和筹资活动三类，可以结合资产负债表和利润表的趋势变动来分析现金流量表中各项现金的变动原因。

一、经营活动现金流量趋势分析

1. 经营活动现金流入

经营活动中的现金流入项主要包括以下三类：

(1)销售商品、提供劳务收到的现金。该类现金流入主要受到利润表的销售收入和资产负债表中的应收账款的影响。

(2)收到的税费返还。该类现金流入主要受到税收政策的影响。

(3)收到其他与经营活动有关的现金。即主营业务以外其他与经营活动有关的现金活动，如罚款收入、流动资产损失中由个人赔偿的现金收入等。本项目的变动与其他应收款的变动有关。

【例 5-33】

江苏某公司经营活动现金流入趋势分析。

单位：万元

项　　目	期　末	期　初	增减额	增减速度
销售商品、提供劳务收到的现金	284 242.31	312 915.07	−28 672.76	−9.16%
收到的税费返还	17 447.52	23 381.50	−5 933.98	−25.38%
收到其他与经营活动有关的现金	1 255.86	5 690.02	−4 434.16	−77.93%
经营活动现金流入小计	302 945.68	341 986.59	−39 040.91	−11.42%

【分析】

首先可以看出，经营活动的现金流入总体上是在减少。

(1)销售商品和提供劳务收到现金的变化是与利润表中的营业收入相关的，其减少一方面是受到销售政策和经济环境(营业收入)的影响；另一方面还受到收账政策(应收账款)的影响。利润表的营业收入以及资产负债表中的应收账款都有所减少，可以看出，这部分现金流入减少的原因在于期末销售量减少了。

(2)收到的税费返还主要受税收政策影响，销售量减少，自然税收返回少。

(3)收到的其他与经营活动有关的现金也受主营业务的影响，主营业务活动少，本项目金额随之减少。

2. 经营活动现金流出

经营活动中的现金流出项主要包括以下四类：

(1)购买商品、接受劳务支付的现金。该项现金流出与营业成本和应付款项有关。

(2)支付给职工以及为职工支付的现金。应该注意的是只有企业实际支付的“在职非在建工程人员”的工资、奖金、各种津贴和补贴以及其他费用(包括养老、失业等社会保险基金、补充养老保险、住房公积金、住房困难补助和其他福利费等)在该项目中反映。

(3)支付的各项税费。该项现金流出受到税收政策的影响。

(4)支付其他与经营活动有关的现金。该项现金流出主要包括捐赠现金支出、罚款支出、支付的差旅费、业务招待费现金支出、支付的保险费、离退休职工各项费用等，其他现金流出如数额较大，应单列项目反映。本项目受到利润表中的管理费用、销售费用、制造费用、营业外支出以及资产负债表中的其他应收款变动的影响。

【例 5-34】

江苏某公司经营活动现金流出趋势分析。

单位：万元

项　目	期　末	期　初	增减额	增减速度
购买商品、接受劳务支付的现金	262 247.52	292 928.47	−30 680.95	−10.47%
支付给职工以及为职工支付的现金	12 441.50	11 060.60	1 380.89	12.48%
支付的各项税费	6 966.89	7 986.35	−1 019.46	−12.77%
支付其他与经营活动有关的现金	10 964.74	10 735.20	229.54	2.14%
经营活动现金流出小计	292 620.64	322 710.63	−30 089.99	−9.32%

【分析】

经营活动现金流出减少的原因，主要从以下几个方面进行分析：

(1)购买商品和接受劳务支付的现金：该项减少得多且速度快，原因是销售量的减少影响了生产量，生产根据销售订单来决定。此项减少是总流入减少的主要原因。

(2)支付各项税费：该项主要受到销售情况的影响，销售收入减少，各项税收自然按比例减少。

(3)支付给职工以及为职工支付的现金：该项目支出的增加与职工人数增长无关，职工福利增加是主要原因，通货膨胀使得企业增加企业员工福利。

二、投资活动现金流量趋势分析

1. 投资活动现金流入

投资活动中的现金流入项包括以下四类：

(1)收回投资收到的现金，即投资本金的收回。

(2)取得投资收益收到的现金。该项与利润表投资收益有关。

(3)处置固定资产、无形资产和其他长期资产收回的现金净额。该项与利润表营业外收支净额有关。

(4)收到其他与投资活动有关的现金，如收回融资租赁设备本金等。

【例 5-35】

江苏某公司投资活动现金流入趋势变动分析。

单位：万元

项　　目	期　末	期　初	增减额	增减速度
收回投资收到的现金	—	854.23	−854.23	−100.00%
取得投资收益收到的现金	80.00	29.60	50.40	170.30%
处置固定资产、无形资产和其他长期资产收回的现金净额	44.60	1 916.68	−1 872.08	−97.67%
收到其他与投资活动有关的现金	370.20	—	370.20	—
投资活动现金流入小计	494.80	2 800.51	−2 305.70	−82.33%

【分析】

投资活动现金流入有所减少，其原因可以从以下几个方面进行分析：

(1)收回投资所收到的现金：期末没有收回本金，因为期末加大了对外投资额。

(2)取得投资收益收到的现金：该项目增加，因为期末对外投资增加且效益很好，由利润表的投资收益项目金额可以看出。

(3)处置固定资产、无形资产和其他长期资产收回的现金净额：该项目金额减少。

2. 投资活动现金流出

投资活动中的现金流出项主要包括以下三类：

(1)购建固定资产、无形资产。该项目与资产负债表中的固定资产和无形资产的增减变动相关，资产负债表中科目的变动金额与现金流量表中对应项目的发生额有直接关系。

(2)其他长期资产支付的现金。该项目与资产负债表中其他长期资产相关。

(3)投资支付的现金。即短期投资、长期证券支付的现金，主要与资产负债表中的对外投资项目的增减额有关。

【例 5-36】

江苏某公司投资现金流出趋势分析。

单位：万元

项　目	期　末	期　初	增减额	增减速度
购建固定资产、无形资产和其他长期资产支付的现金	7 987.66	4 339.81	3 647.84	84.06%
投资支付的现金	4 000.00	1 150.00	2 850.00	247.83%
投资活动现金流出小计	11 987.66	5 489.81	6 497.84	118.36%

【分析】

资产负债表中的固定资产增加，对外投资增加，是投资现金流出量增加的主要原因。这里对外投资和固定资产投资现金的增加速度都很快，因为增加了大量的固定资产和对外投资。

三、筹资活动现金流量趋势分析

1. 筹资活动现金流入

筹资活动中的现金流入项主要包括以下两类：

(1)吸收投资收到的现金。与资产负债表中的实收资本变动有关。

(2)取得借款收到的现金。与资产负债表中的长短期借款有关。

【例 5-37】

江苏某公司筹资活动现金流入趋势变动分析。

单位：万元

项　目	期　末	期　初	增减额	增减速度
吸收投资收到的现金	160.00	50.00	110.00	220.00%
取得借款收到的现金	685.00	4 838.49	−4 153.49	−85.84%
发行债券收到的现金	—	—	—	—
收到其他与筹资活动有关的现金	—	1 810.00	−1 810.00	−100.00%
筹资活动现金流入小计	845.00	6 698.49	−5 853.49	−87.39%

【分析】

吸收投资收到的现金有所增加，而资产负债表中的实收资本并无变化，这表明资金没有一步到位，而是在陆续到位过程中。取得借款收到的现金减少是受到流动负债减少的影响，因为流动负债减少，生产资料购入的需求量减少，所以此项现金量减少。筹资活动少，其他相关流入自然减少。综上，整个筹资活动流入减少是由于流动债务减少了。

2. 筹资活动现金流出

筹资活动中的现金流出项主要包括以下两类：

(1)偿还债务支付的现金。与资产负债表中的债务趋势变动有关，资产负债表中负债如果减少，当年偿还债务所支付的现金将增加。

(2)分配股利、利润或偿付利息支付的现金。与利润表中财务费用的变化以及利润分配有关，利润分配表中会反映出利润分配的情况。

【例 5-38】

江苏某公司筹资活动现金流出趋势分析。

单位：万元

项　　目	期　末	期　初	增减额	增减速度
偿还债务支付的现金	1 925.90	3 607.59	−1 681.69	−46.62%
分配股利、利润或偿付利息支付的现金	4 566.35	3 564.87	1 001.47	28.09%
筹资活动现金流出小计	6 492.25	7 172.46	−680.22	−9.48%

【分析】

偿还债务所支付的现金减少，是由期末融入的债务减少引起的。债务减少，利息也会减少，但是利润增加，分配股利增加，所以分配股利、利润或偿付利息支付的现金支付增加。综上，筹资活动流入和流出减少都是由债务减少引起的。

第六节　现金流量表结构百分比分析

现金流量表结构百分比分析的过程中，应针对不同的情况选择不同的总体。现金流入项目，应选择首先计算出现金流入综合，以现金流入总和作为总体，现金流入总和为三种活动现金流入合计；现金流出项目，应选择现金流出总和作为总体，现金流出总和为三种活动现金流出合计。

一、经营活动现金流量结构分析

1. 经营活动现金流入

包括：销售商品、提供劳务收到的现金，收到的税费返还，收到其他与经营活动有关的现金等。结构百分比分析中将每个项目与现金流入总和相除。

【例 5-39】

江苏某公司经营活动现金流入结构分析。

单位：万元

项　　目	期　末	期　初	期末结构比	期初结构比
销售商品、提供劳务收到的现金	284 242.31	312 915.07	93.41%	89.03%
收到的税费返还	17 447.52	23 381.50	5.73%	6.65%
收到其他与经营活动有关的现金	1 255.86	5 690.02	0.41%	1.62%
经营活动现金流入小计	302 945.68	341 986.59	99.56%	97.30%

【分析】

分析所选总体为：

现金流入总和＝经营活动现金流入小计＋投资活动现金流入小计＋
　　　　　　筹资活动现金流入小计

(1)销售商品和提供劳务收到现金的金额变化是由于期末销售量减少了。从结构百分比的角度来看，两年变化不大，期末所占结构百分比有所增加，可见企业现金流入主要依靠商品销售来获得。

(2)收到的税费返还占流入量的比例较小，可以看出企业的生产经营非常正规。

(3)收到其他与经营活动有关的现金也受主营业务的影响，但由于项目本身并非主要业务，所以发生额的结构比例很小。

2. 经营活动现金流出

主要包括：购买商品、接受劳务支付的现金，支付给职工以及为职工支付的现金，支付的各项税费，支付其他与经营活动有关的现金。结构百分比分析中应将每个项目与现金流出总和相除。

【例 5-40】

江苏某公司经营活动现金流出结构分析。

单位：万元

项　　目	期　末	期　初	期末结构比	期初结构比
购买商品、接受劳务支付的现金	262 247.52	292 928.47	84.30%	87.34%
支付给职工以及为职工支付的现金	12 441.50	11 060.60	4.00%	3.30%
支付的各项税费	6 966.89	7 986.35	2.24%	2.38%
支付其他与经营活动有关的现金	10 964.74	10 735.20	3.52%	3.20%
经营活动现金流出小计	292 620.64	322 710.63	94.06%	96.22%

【分析】

分析所选总体为：

现金流出总和＝经营活动现金流出小计＋投资活动现金流出小计＋
　　　　　　筹资活动现金流出小计

(1)购买商品和接受劳务支付的现金：此项减少是总流入减少的主要原因。从利润表可以看出，期末节约了成本，因此现金流出所占百分比也减少。

(2)支付各项税费支付：变化不大。

(3)支付给职工以及为职工支付的现金：该项目结构比增加，原因可能与职工工资待遇有关。

二、投资活动现金流量结构分析

1. 投资活动现金流入

主要包括：收回投资收到的现金，取得投资收益收到的现金，处置固定资产、无形资产和其他长期资产收回的现金净额，收到其他与投资活动有关的现金等。结构百分比分析中将各项目除以现金总流入。

【例 5-41】

江苏某公司投资活动现金结构百分比分析。

单位：万元

项　目	期　末	期　初	期末结构比	期初结构比
收回投资收到的现金	—	854.23	0.00%	0.24%
取得投资收益收到的现金	80.00	29.60	0.03%	0.01%
处置固定资产、无形资产和其他长期资产收回的现金净额	44.60	1 916.68	0.01%	0.55%
收到其他与投资活动有关的现金	370.20	—	0.12%	0.00%
投资活动现金流入小计	494.80	2 800.51	0.16%	0.80%

【分析】

投资活动现金流入各项目占总流入的比例都很小。其中：

(1)收回投资所收到的现金：因为期末加大了对外投资额，因此收回投资的流入占结构比减少，企业主要依靠主营业务来获得现金流入而非投资。

(2)取得投资收益收到的现金：投资初期收益较少，所占百分比也少。

(3)处置固定资产、无形资产和其他长期资产收回的现金净额：该项目发生额少，所占比例也很小。

2. 投资活动现金流出

主要包括：购建固定资产、无形资产和其他长期资产支付的现金，投资支付的现金等。结构百分比分析中将各项目除以现金总流出。

【例 5-42】

江苏某公司投资现金流出结构分析。

单位：万元

项　目	期　末	期　初	期末结构比	期初结构比
购建固定资产、无形资产和其他长期资产支付的现金	7 987.66	4 339.81	2.57%	1.29%
投资支付的现金	4 000.00	1 150.00	1.29%	0.34%
投资活动现金流出小计	11 987.66	5 489.81	3.85%	1.64%

【分析】

资产负债表中的固定资产增加，对外投资增加，是投资现金流出量增加的主要原因，企业期末投资绝对金额增加，是结构百分比增加的原因。

三、筹资活动现金流量结构分析

1. 筹资活动现金流入

主要包括：吸收投资收到的现金，取得借款收到的现金，发行债券收到的现金，收到其他与筹资活动有关的现金等。

【例 5-43】

江苏某公司筹资活动现金结构百分比变动分析。

单位：万元

项　目	期　末	期　初	期末结构比	期初结构比
吸收投资收到的现金	160.00	50.00	0.05%	0.01%
取得借款收到的现金	685.00	4 838.49	0.23%	1.38%
发行债券收到的现金	—	—	—	—
收到其他与筹资活动有关的现金	—	1 810.00	0.00%	0.51%
筹资活动现金流入小计	845.00	6 698.49	0.28%	1.91%

【分析】

吸收投资收到的现金比例有所增加，资产负债表中的实收资本并无变化，表明资金没有一步到位，而在陆续到位过程中。取得借款收到的现金结构比受资产负债表中流动负债减少的影响，流动负债减少，生产资料购入的需求量减少，所以此项现金量减少。筹资活动少，其他相关流入自然减少。因此，整个筹资活动流入结构比减少是因为流动债务减少了。

2. 筹资活动现金流出

主要包括：偿还债务支付的现金，分配股利、利润或偿付利息支付的现金等。

【例 5-44】

江苏某公司筹资活动现金流出结构分析。

单位：万元

项　目	期　末	期　初	期末结构比	期初结构比
偿还债务支付的现金	1 925.90	3 607.59	0.62%	1.08%
分配股利、利润或偿付利息支付的现金	4 566.35	3 564.87	1.47%	1.06%
筹资活动现金流出小计	6 492.25	7 172.46	2.09%	2.14%

【分析】

偿还债务所支付的现金结构比减少，是由期末融入的债务减少引起的。债务减少，利息也会减少，但是利润增加，分配股利增加，所以该项现金支付结构百分比增加。筹资活动流入和流出结构百分比的变动都是由债务减少引起的。

四、现金流量净额结构分析

计算每种活动现金流量净额的结构百分比，应以每种活动本身产生的净额，除以净额总和。

【例 5-45】

江苏某公司现金流量净额结构百分比分析。

单位：万元

项　目	期　末	期　初	期末结构比	期初结构比
经营活动现金流量净额	10 325.04	19 275.96	－151.50%	119.63%
投资活动现金流量净额	－11 492.86	－2 689.31	168.64%	－16.69%
筹资活动现金流量净额	－5 647.25	－473.97	82.86%	－2.94%

【分析】

从表格数据可以看出，企业期初经营活动现金流量净额占最大比例，其他所占比例较小，企业期初专注于自身主营业务的发展，而没有扩大投资，所以投资、融资活动净额所占比例小。

期末经营活动现金流量金额所占比例较大，投资、融资活动流量净额所占比例也较大，说明企业期末各种资金活动都比较活跃，自身主营业务和投资、融资活动都有较大变化。

五、现金流量表结构分析项目化教学分析模块

要求：根据以上资料分析企业现金流量表的结构比例是否合理并提出有效建议。

表 8　现金流量表

编制单位：某沥青制造有限公司　　　　2011 年度

项　目	金　额
一、经营活动产生的现金流量：	
销售商品、提供劳务收到的现金	647 974 156.85
收到的税费返还	
收到其他与经营活动有关的现金	
现金流入小计	647 974 156.85
购买商品、接受劳务支付的现金	583 057 863.17
支付给职工以及为职工支付的现金	215 600.00

续表

项　　目	金　　额
支付的各项税费	2 620 721.01
支付其他与经营活动有关的现金	7 824 528.15
现金流出小计	593 718 712.33
经营活动产生的现金流量净额	54 255 444.52
二、投资活动产生的现金流量：	
收回投资收到的现金	
取得投资收益收到的现金	
处置固定资产、无形资产和其他长期资产收回的现金净额	
收到其他与投资活动有关的现金	
现金流入小计	—
购建固定资产、无形资产和其他长期资产支付的现金	130 000.00
投资支付的现金	
支付其他与投资活动有关的现金	
现金流出小计	130 000.00
投资活动产生的现金流量净额	－130 000.00
三、筹资活动产生的现金流量：	
吸收投资收到的现金	
借款所收到的现金	20 950 000.00
收到其他与筹资活动有关的现金	
现金流入小计	20 950 000.00
偿还债务支付的现金	29 950 000.00
分配股利、利润或偿付利息支付的现金	24 693 653.56
支付其他与筹资活动有关的现金	
现金流出小计	54 643 653.56
筹资活动产生的现金流量净额	－33 693 653.56
四、汇率变动对现金的影响	
五、现金及现金等价物净增加额	20 431 790.96

法定代表人：　　　　　　　　　　　　　　　　　　　　会计机构负责人：

表 9　现金流量表补充资料

编制单位：某沥青制造有限公司　　　　2011 年度

项　　目	金　　额
一、将净利润调节为经营活动的现金流量：	
净利润	−24 596 590.44
加：计提的资产减值准备	
固定资产折旧	68 171.29
无形资产摊销	383 356.92
长期待摊费用摊销	
待摊费用减少(减：增加)	
预提费用增加(减：减少)	
处置固定资产、无形资产和其他长期资产的损失(减：收益)	
固定资产报废损失	
财务费用	24 693 653.56
投资损失(减：收益)	
递延税款贷项(减：借项)	
存货的减少(减：增加)	11 574 503.86
经营性应收项目的减少(减：增加)	−70 177 465.70
经营性应付项目的增加(减：减少)	112 451 060.96
其他	−141 245.93
经营活动产生的现金流量净额	54 255 444.52
二、不涉及现金收支的投资和筹资活动：	
债务转为资本	
一年内到期的可转换公司债券	
融资租入固定资产	
三、现金及现金等价物净变动情况：	
现金的期末余额	48 196 866.84
减：现金的期初余额	
加：现金等价物的期末余额	100 000.00
减：现金等价物的期初余额	27 865 075.88
现金及现金等价物净增加额	20 431 790.96

法定代表人：　　　　会计机构负责人：

【参考答案】

现 金 流 量 表

编制单位：某沥青制造有限公司　　　　2011年度

项　目	结构比例
一、经营活动产生的现金流量：	
销售商品、提供劳务收到的现金	96.87%
收到的税费返还	0.00%
收到其他与经营活动有关的现金	0.00%
现金流入小计	96.87%
购买商品、接受劳务支付的现金	89.91%
支付给职工以及为职工支付的现金	0.03%
支付的各项税费	0.40%
支付其他与经营活动有关的现金	1.21%
现金流出小计	91.55%
经营活动产生的现金流量净额	265.54%
二、投资活动产生的现金流量：	
收回投资收到的现金	0.00%
取得投资收益收到的现金	0.00%
处置固定资产、无形资产和其他长期资产收回的现金净额	0.00%
收到其他与投资活动有关的现金	0.00%
现金流入小计	0.00%
购建固定资产、无形资产和其他长期资产支付的现金	0.02%
投资支付的现金	0.00%
支付其他与投资活动有关的现金	0.00%
现金流出小计	0.02%
投资活动产生的现金流量净额	−0.64%
三、筹资活动产生的现金流量：	
吸收投资收到的现金	0.00%
借款所收到的现金	3.13%
收到其他与筹资活动有关的现金	0.00%
现金流入小计	3.13%
偿还债务支付的现金	4.62%
分配股利、利润或偿付利息支付的现金	3.81%
支付其他与筹资活动有关的现金	0.00%
现金流出小计	8.43%
筹资活动产生的现金流量净额	−164.91%

现金流入总和＝经营活动现金流入小计＋投资活动现金流入小计＋筹资活动现金流入小计
＝647 974 156.85＋0＋20 950 000.00＝668 924 156.85

现金流出总和＝经营活动现金流出小计＋投资活动现金流出小计＋筹资活动现金流出小计
＝593 718 712.33＋130 000.00＋54 643 653.56＝648 492 365.89

现金流量净额总和＝经营活动现金流量净额＋投资活动现金流量净额＋筹资活动现金流量净额
＝54 255 444.52－130 000.00－33 693 653.56＝20 431 790.96

(1)经营活动现金流量结构分析：2011 年度现金流入结构比例最大的是经营活动现金流量，占 96.87％，并且主要就是销售商品、提供劳务收到的现金。可见，企业维持正常生产经营，且处于发展期。相应的，流出结构比例最大的也是经营活动现金流出，占 91.55％。从流出结构比和流入结构比可以判断，企业的现金流主要集中在经营活动方面，是正常发展期。

(2)投资活动现金流量结构分析：投资活动无流入，以流出为主，流出结构比例很小，说明企业投资活动较少，注重自身主营业务。

(3)筹资活动现金流量结构分析：筹资活动现金流入结构比例较小，主要由借款满足；流出结构比例较大，主要由偿还债务和利息来满足。

综上，经营活动现金流量净额所占比例最大，说明企业现金流主要靠自身经营活动来满足。

第六章
综合财务比率分析

将各类财务比率综合在一个体系中，便于从不同角度反映企业的财务水平，也能方便不同的财务分析主体分析企业财务现状和创造利润的能力。

综合财务比率分析法包括很多种分析方法，最经典的是杜邦财务分析法，又称杜邦财务分析体系，本书主要讲解此法。此外，较常见的综合财务比率分析法还有沃尔比例评分法和雷达图分析法等。

第一节　杜邦财务分析体系

一、杜邦财务分析体系及杜邦分析法

杜邦分析法是指结合几种主要的财务比率，综合地分析企业的财务状况，这种分析法最早由美国杜邦公司使用，因此命名为杜邦分析法。杜邦分析法结合了几类主要的财务比率，构建出一幅体系图，称为杜邦财务分析体系。在学习过程中必须明确的一点是，凡是提到使用杜邦分析法评价企业绩效，其实就是构建企业杜邦财务分析体系图。

杜邦财务分析体系的基本思想是将企业净资产收益率逐级分解为多项财务比率的乘积，这样有助于深入分析比较企业经营业绩。公式推导图如下：

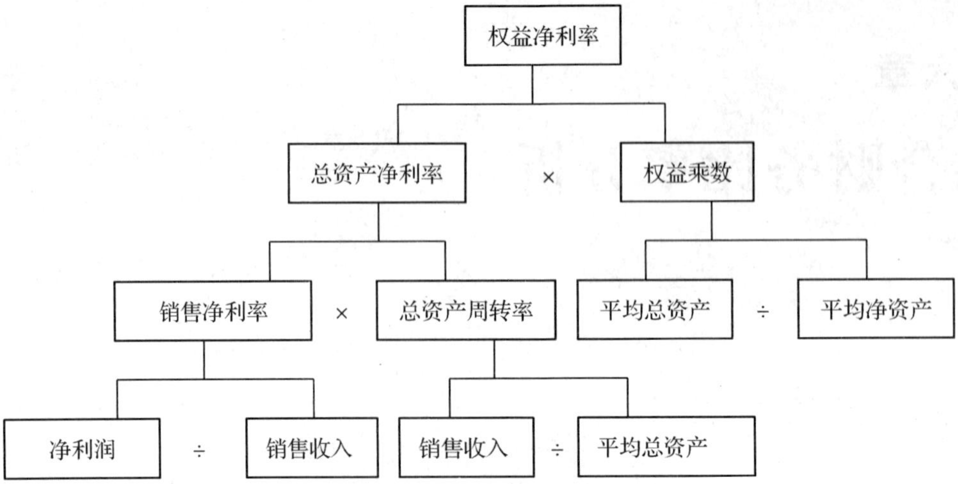

杜邦财务分析体系（简图）

由上图可见常用的杜邦财务分析体系的公式是：

权益净利率＝销售净利率×总资产周转率×权益乘数

应注意的是为了使得权益净利率、权益乘数、总资产周转率三者之间的关系成立，在取权益乘数中的总资产和所有者权益数据时，必须使用当年平均值。

将一个因素分解成三个因素的乘积，可以使用统计学中的三因素分析法来分析三个因素变动对一个因素带来的影响。例如，销售净利率提高，另外总资产周转率和权益乘数两个因素不变，那么权益净利率也随之提高，即获利能力提高可以使股东回报水平提高。

二、杜邦财务分析体系的特点及作用

1. 特点

杜邦财务分析体系中的核心指标是权益净利率（又称净资产收益率），从该指标的计算公式可以看出，权益净利率主要反映企业当期创造的利润占净资产的比例，而净资产属于股东，也就是说，该指标值的大小体现的是股东回报水平的高低。权益净利率越大，股东回报水平越高。

总资产净利率是影响权益净利率的重要指标，该指标反映企业运用自身全部经济资源创造利润的能力进而影响权益净利率。

权益乘数反映企业负债程度，该指标值越大，企业财务杠杆效应越强。

2. 作用

杜邦财务分析体系的作用可以通过体系图表示出来。从体系图可以读取企业三项专项能力指标：销售净利率体现获利能力，总资产周转率体现营运能力，权益乘数体现偿债能力。这三方面的能力越强，企业权益净利率越大，股东回报水平越高。

【例 6-1】

以表 2、表 3 数据为基础，完成企业杜邦财务分析体系图。

【参考答案】

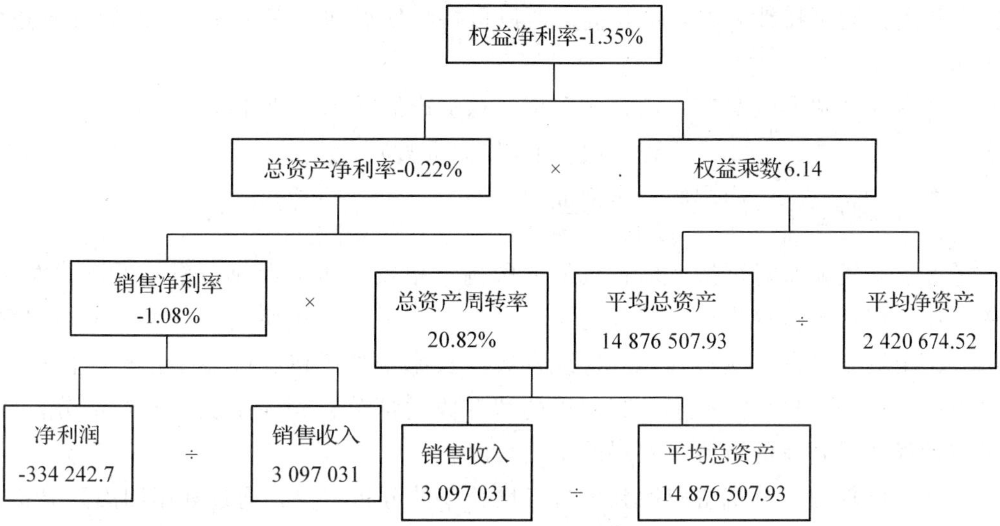

三、三因素分析法的运用

把权益净利率拆解成三因素的乘积之后，可以利用统计学中的因素分析法对杜邦财务分析体系中的三要素变动进行分析。三要素分别代表企业三项专项能力，每个要素的变动，都会给权益净利率带来变化，可以利用统计学中的因素分析法(即连环替代法)，对三因素变动影响进行分析。

【例 6-2】

根据下表资料，分析各因素对权益净利率的影响。

因素 时间	总资产周转率	营业收入净利率	权益乘数	权益净利率
基期	1.5	0.7	2	210%
报告期	2	0.8	3	480%

【参考答案】

总资产周转率的影响：2×0.7×2－1.5×0.7×2＝0.7

营业收入净利率的影响：2×0.8×2－2×0.7×2＝0.4

权益乘数的影响：2×0.8×3－2×0.8×2＝1.6

总变化：480%－210%＝270%

通过计算可以看出，三因素的增长都带来了股东回报的增长，其中影响最大的因素是权益乘数，总资产中负债增多，杠杆效应增强。其次是总资产周转带来的总体影响较大，可见，企业周转能力增强。

四、可持续发展增长率

如果投资者从长远来考虑，则有必要通过可持续发展增长率来分析企业对未来发展的重视程度。注重未来发展的经营者，会保留更多的留存收益，留存收益占净资产的比率越大，则可持续发展程度越高。所以可持续发展增长率又称净资产留存收益率。公式如下：

净资产留存收益率＝销售净利率×总资产周转率×留存收益率×资产权益率(权益乘数)

$$留存收益率=\frac{净利润-全部股利}{净利润}$$

考虑了通货膨胀对可持续增长数值的影响。相较于净资产收益率，可持续发展增长率增加了留存收益率指标，把权益净利率中的净利润项目换成了净利润里的留存收益部分；相较于净资产收益率，可持续发展增长率增加了留存收益率指标，把权益净利率中的净利润项目转换成了净利润里的留存收益部分；剔除了股东分红部分，而注重研究投资者对企业的可持续发展的重视程度。

此外，可将因素分析法应用到可持续增长率的分析中去，通过利用四因素分析法，可以分析四因素中哪些是影响可持续发展的主要因素。

【例 6-3】

比较下列两个方案。

方案一：总投入(总资产)100 万元，其中负债 20 万元(资产负债率 20％)，年获取营业收入 100 万元，净利 10 万元，分红 5 万元。

方案二：总投入(总资产)100 万元，其中负债 50 万元(资产负债率 50％)，年获取营业收入 200 万元，净利 15 万元，分红 3 万元。

问：哪种方案的可持续发展效果好?

【参考答案】

方案一：

净资产留存收益率＝10％(营业净利率)×1(总资产周转次数)×1.25(总资产/所有权益) ×0.5(留存收益率)
＝6.25％

方案二：

净资产留存收益率＝7.5％(营业净利率)×2(总资产周转次数)×2(总资产/所有权益) ×0.8(留存收益率)
＝24％

通过计算可知，方案二的可持续发展增长水平更高更好。从四因素角度来分析，原因首先是总资产周转率高，资产周转情况更好；其次，方案二留存收益率更高，股东分红占净利润的比例较低，留存中大部分用于未来发展。

第二节 财务危机预警分析

企业财务危机预测模型有多种，较为常见和通用的财务危机预测模型是阿尔特曼用线性回归方程构建的Z模型。最初Z模型重点针对的是制造业，可以较为准确地预测企业可能存在的财务危机。随着社会的不断发展，阿尔特曼的Z模型构建出了各种适合于不同类型企业的危机预测模型。以下仅以制造业上市公司和非上市公司为例，介绍其中两种模型。

一、制造业上市公司Z模型

首先，针对已上市的制造业企业，建议使用最初的财务危机预警模型Z，公式如下：

$$Z=1.2X_1+3.3X_2+1.4X_3+0.999X_4+0.6X_5$$

其中：X_1：营运资金/总资产(WC/TA)

X_2：息税前利润/总资产(EBIT/TA)

X_3：留存收益/总资产(RE/TA)

X_4：销售收入/总资产(S/TA)

X_5：股东权益市场价值/总负债账面价值(MVE/TL)

阿尔特曼经过一系列的统计分析和计算，最后确定了贷款企业或法人违约、破产的临界值$Z_0=2.675$，如果Z值小于2.675，贷款企业或法人被划入违约组，投资风险大；反之，如果Z值大于等于2.675，则贷款企业或法人被划入非违约组，投资风险小。应注意的是，当Z值位于1.81和2.99之间时，投资风险依然存在，且可能出现较大的判断失误，因此称该区域为“未知区”或称“灰色区域”，在此区域内的投资应谨慎。按此模型计算出的真正安全的投资范围应该是大于2.99。

【例6-3】

要求对某公司偿债危机进行测评，

已知：

X_1：营运资金/总资产=0.5

X_2：息税前收益/总资产=0.45

X_3：留存收益/总资产=0.33

X_4：销售收入/总资产=0.89

X_5：股东权益市场价值/总负债账面价值=2

【参考答案】

$$\begin{aligned}Z&=1.2X_1+3.3X_2+1.4X_3+0.6X_4+0.999X_5\\&=1.2\times0.5+3.3\times0.33+1.4\times0.45+0.6\times2+0.999\times0.89\\&\approx4.64\end{aligned}$$

根据计算可以判断，该企业属于非违约组，投资安全性高，财务状况度良好，值得投资。

二、制造业非上市公司Z模型

非上市的制造业公司应使用以下Z模型(民营中小企业可以参考使用)：

$$Z=0.717X_1+3.107X_2+0.847X_3+0.998X_4+0.42X_5$$

其中：X_1：营运资金/总资产(WC/TA)

X_2：息税前利润/总资产(EBIT/TA)

X_3：留存收益/总资产(RE/TA)

X_4：销售收入/总资产(S/TA)

X_5：股东权益账面价值/总负债账面价值(BVE/TA)

如果Z值小于1.23，贷款企业或法人应被划入违约组，不应对其进行进一步贷款或投资；如果Z值大于等于2.9，则贷款企业或法人被划入非违约组，对其提供资金的风险较小；当Z值位于1.23和2.9之间时，对该企业投入资金存在一定的风险，可能出现较大判断失误，因此称该区域为“未知区”或称“灰色区域”，在此区域内投资应谨慎。

三、非上市或非制造业上市公司Z模型

如果是非制造业的上市公司，则使用以下Z模型：

$$Z=6.56X_1+6.72X_2+3.26X_3+1.05X_4$$

其中：X_1：营运资金/总资产

X_2：息税前利润/总资产

X_3：留存收益/总资产

X_4：所有者权益/总负债账面价值

在此模型下，如果Z值小于1.1，贷款企业或法人被划入违约组，不宜对其进行资金投入或贷款；如果Z值大于等于2.6，则贷款企业或法人被划入非违约组，可以考虑对其进行资金投入；当Z值位于1.1和2.6之间时，称为“未知区”或“灰色区域”，存在判断失误的可能性较大，在此区域内应慎重考虑资金投向。

第三节　财务分析报告写作指导

一、财务分析报告写作指南

财务分析报告写作至少应包括：引言，财务比率计算分析，报表质量分析，综合比率分析，存在问题及建议。

引言部分占篇幅较少，主要包括公司简介，如公司的主营业务类型、公司发展过程等内容。财务比率计算分析应包括企业三项专项能力分析，即偿债能力分析、获利能力分析和营运能力分析。报表质量分析应包括企业报表的趋势变动分析和结构比率分析。综合比率分析中至少应绘制杜邦财务分析图。最后，在存在问题及建议部分中，应结合前面内容指出企业主要存在的问题并提出合理的建议。

二、范例

ABC 机械有限公司 2008 年度财务报告分析

主送：总经理

引言

浙江 ABC 机械有限公司，是一家专业生产建筑装潢加工设备和五金配件的企业。建厂以来，企业在“以人为本科技兴企”经营理念的指导下不断引进国外先进技术，更新产品以满足市场要求。优良的产品质量和完善的售前、售后服务，获得良好口碑。产品的销售网络遍及全国各地，并远销欧洲和东南亚等国家和地区。

一、财务比率计算分析

ABC 机械有限公司 2007～2008 年度财务指标比较分析计算表

财务指标	计算公式	2007 年度末	2008 年度末	增减变动	增减速度
偿债能力					
短期偿债能力					
流动资产		4 744 328.26	5 662 984.66	918 656.40	19.36%
流动负债		2 801 043.90	2 757 522.09	−43 521.81	−1.55%
营运资金		1 943 284.36	2 905 462.57	962 178.21	49.51%
流动比率	流动资产/流动负债	169.38%	205.36%	35.99%	21.25%
速动比率	速动资产/流动负债	150.21%	178.93%	28.73%	19.12%
现金比率	(现金＋现金等价物)/流动负债	17.18%	20.01%	2.83%	16.47%
长期偿债能力					
资产负债率	负债/资产	31.72%	28.05%	−3.67%	−11.58%
产权比率	负债/所有者权益	46.46%	38.98%	−7.47%	−16.09%
所有者权益比率	所有者权益/资产	68.28%	71.95%	3.67%	5.38%
利息保障倍数	息税前利润/利息费用	12.13	15.58	3.45	28.40%
营运能力					
总资产周转率	营业收入/总资产平均余额	2.77	2.66	−0.11	−3.93%
流动资产类					
现金周转率	营业收入/现金平均余额	47.72	48.15	0.43	0.90%

续表

财务指标	计算公式	2007 年度末	2008 年度末	增减变动	增减速度
应收账款周转率	营业收入/应收账款平均余额	9.09	7.88	−1.22	−13.38%
存货周转率	营业成本/存货平均余额	42.82	32.26	−10.56	−24.67%
固定资产类					
固定资产周转率	营业收入/固定资产平均余额	5.55	6.03	0.48	8.59%
获利能力					
经营获利能力分析					
营业收入毛利率	毛利额/营业收入	14.14%	17.90%	3.75%	26.53%
营业收入营业利润率	营业利润/营业收入	4.15%	5.68%	1.52%	36.74%
营业收入总利润率	利润总额/营业收入	4.13%	5.60%	1.47%	35.72%
营业收入净利率	净利润/营业收入	2.76%	4.20%	1.44%	51.93%
营业成本毛利率	毛利额/营业成本	16.48%	21.80%	5.32%	32.31%
经营成本营业利润率	营业利润/经营成本	14.76%	18.97%	4.22%	28.58%
全部成本总利润率	利润总额/全部成本	4.30%	5.93%	1.63%	37.85%
全部成本净利润率	净利润/全部成本	2.88%	4.45%	1.57%	54.31%
资本资产获利能力分析					
总资产息税前利润率	息税前利润/总资产平均余额	12.48%	7.98%	−4.50%	−36.05%
总资产利润率	利润总额/资产平均余额	11.45%	7.46%	−3.98%	−34.80%
总资产净利润率	净利润/资产平均余额	7.67%	5.60%	−2.07%	−27.02%
净资产利润率	净利润/净资产平均余额	5.29%	7.97%	2.68%	50.59%

(一)偿债能力分析

1. 短期偿债能力分析

公司 2008 年年末流动比率、速动比率、现金比率比去年年末增减变动分别为 35.99%、28.73%、2.83%，均有所上升，其原因是流动资产的增长速度为 19.36%，同时流动负债变动为−1.55%，两者共同作用导致流动比率、速动比率、现金比率分别以 21.25%、19.12%、16.47%的速度上升。这表明企业的短期偿债能力 2008 年年末较 2007 年年末有所上升。公司的流动比率、速动比率、现金比率分别为 205.36%、178.93%，超过经验值的 200%、100%，且 2008 年年末每 1 元流动负债中有 0.2 元的现金做保障，可用于即时支付的现金很充裕。公司的短期的偿债能力较强，因此对公司的短期偿债能力给予肯定的评价。

2. 长期偿债能力分析

公司2008年年末的资产负债率、产权比率增减变动分别为3.67%、7.47%，均有所增加，在2007年年末没有达到经验值的50%、100%，而且所有者权益比率增加了3.67%。通过以上数据可以给予企业长期偿债能力强的评价，但是长期负债有点少，企业可以考虑适当增加长期负债，加大企业规模，以提高企业盈利能力。

(二)营运能力分析

公司2008年年末的总资产周转率、现金周转率、应收账款周转率、存货增长率、固定资产周转率分别为2.66 、48.15 、7.88 、32.26、6.03，较2007年年末，总资产周转率、应收账款周转率、存货增长率都有不同程度的下降，其原因可能受到金融风暴的影响，但是相较于2008年年末的总资产周转率、现金周转率、应收账款周转率、存活增长率、固定资产周转率的2.66 、48.15 、7.88 、32.26、6.03已经较高，说明企业的管理水平较高，营运能力较强，相应的偿债能力与获利能力也较高。存货周转率的下降过快，下降速度为24.67%，企业应采取相应措施，避免因下降过快影响企业的利润和成本。

(三)获利能力分析

2008年与2007年相比营业收入毛利率、营业收入营业利润率、营业收入总利润率、营业收入净利润率均有所上升，增减变动分别为3.75%、1.52%、1.47%、1.44%，其主要原因是毛利额、营业利润、利润总额、净利润增长速度大于营业收入的增长速度，与收入相关的各项利润率均有不同程度的提高，企业的获利能力有所增强，但从总体看企业的获利水平不高，营业收入净利润率只有4.2%。比较营业收入毛利率和营业收入营业利润率，2007年的两指标之差为9.99%，2008年的两指标之差为12.22%，2008年比2007年明显扩大，企业的经营风险加大。建议企业管理者应注意，控制经营风险的继续扩大。

2008年与2007年相比营业成本毛利率、经营成本毛利率、全部成本总利润率、全部成本净利润率分别正向变动了5.32%、4.22%、1.63%、1.57%，原因主要是毛利额的增长速度快于营业成本和经营成本的增长速度，虽然与成本相关的各项指标有所增长，但和前者提到的与收入相关的分析结果一样，企业的获利水平较低，2008年全部成本净利润率仅为4.45%。营业外支出比上年同期增加了3倍多，占全部成本的比重不大，但增长过快仍应引起注意。

2008年总资产息税前利润率、总资产利润率、总资产净利润率，较2007年均有降低，变动值分别为－4.50%、－3.98%、－2.07%，表明企业与资产相关的获利能力均有不同程度的降低。2008年利润增加额比资产增加额少，但是2008年的净资产利润率却是增加的，比2007年增加了2.68%，增加速度为50.59%。利润表显示2008年营业收入是增加的，表示2008年公司有举债行为。虽然总资产息税前利润率、总资产利润率、总资产净利润率2008年同比2007年都有一定程度减少，但净资产报酬率作为直接说明资产的增值能力是增加的，企业股东价值随之增强，投资者和债权人利益的保障程度有所提高。

二、财务报表质量分析

ABC机械有限公司比较资产负债表 单位：元

资　　产	2007年年末	2008年年末	增加额	增减速度
流动资产：				
货币资金	481 144.69	551 685.79	70 541.10	14.66%
交易性金融资产			—	
应收票据			—	
应收利息			—	
应收股利			—	
应收账款	2 958 822.68	3 354 681.86	395 859.18	13.38%
其他应收款	14 484.00	49 730.42	35 246.42	243.35%
预付账款	684 950.80	851 562.21	166 611.41	24.32%
存货	536 926.09	728 824.38	191 898.29	35.74%
待摊费用	68 000.00	126 500.00	58 500.00	86.03%
其他流动资产			—	
流动资产合计	4 744 328.26	5 662 984.66	918 656.40	19.36%
长期投资：			—	
长期股权投资			—	
长期债权投资			—	
长期投资合计			—	
固定资产：			—	
固定资产原价	6 170 899.28	6 970 899.28	800 000.00	12.96%
减：累计折旧	2 085 100.62	2 802 939.92	717 839.30	34.43%
固定资产净值	4 085 798.66	4 167 959.36	82 160.70	2.01%
减：固定资产减值准备			—	
固定资产净值	4 085 798.66	4 167 959.36	82 160.70	2.01%
工程物资			—	
在建工程			—	
固定资产清理			—	
固定资产合计	4 085 798.66	4 167 959.36	82 160.70	2.01%
无形资产及其他资产：			—	
无形资产			—	

续表

资　　产	2007年年末	2008年年末	增加额	增减速度
长期待摊费用			—	
其他长期资产			—	
无形资产及其他资产合计			—	
资产合计	8 830 126.92	9 830 944.02	1 000 817.10	11.33%
流动负债：			—	
短期借款	1 900 000.00	1 900 000.00	—	
应付票据			—	
应付账款	649 254.45	650 124.52	870.07	0.13%
预收账款			—	
应付工资			—	
应付福利费	62 664.68	42 166.75	−20 497.93	−32.71%
应付股利			—	
应交税金	116 542.67	108 657.74	−7 884.93	−6.77%
其他应交款	16 541.57	15 012.07	−1 529.50	−9.25%
其他应付款	55 840.53	41 562.01	−14 278.52	−25.57%
预提费用			—	
预计负债			—	
流动负债合计	2 801 043.90	2 757 522.09	−43 521.81	−1.55%
长期负债：			—	
长期借款			—	
应付债券			—	
长期应付款			—	
专项应付款			—	
长期负债合计			—	
负债合计	2 801 043.90	2 757 522.09	−43 521.81	−1.55%
所有者权益：			—	
实收资本	5 180 000.00	5 180 000.00	—	0.00%
资本公积	89 606.04	89 606.04	—	0.00%
盈余公积	323 254.94	427 688.83	104 433.89	32.31%
其中：法定公益金			—	
未分配利润	436 222.04	1 376 127.06	939 905.02	215.46%
所有者权益合计	6 029 083.02	7 073 421.93	1 044 338.91	17.32%
负债和所有者权益总计	8 830 126.92	9 830 944.02	1 000 817.10	11.33%

(一)资产变动情况分析

公司 2008 年资产总额较 2007 年增加了 1 000 817.1 元，增长率为 11.33%，变化幅度较大，2008 年公司的资产各项均有所增加，分析可知资产总额的增加主要是由于流动资产的增加引起的，其中，应收账款、预付账款和存货分别增加了395 859.18、166 611.41、1 918 98.29，增长率为 13.38%、24.32%和 35.74%，增加总额占到流动资产总增加额的 80%以上，并且流动资产增加额合计远远超过固定资产增加额。说明企业 2008 年业绩有所增长。

由固定资产引起的资产规模变动只是较少部分，且 2008 年也没有在建工程转入，只是正常的折旧增加了少许固定资产82 160.70元，说明企业通过适当增加固定资产以提高生产能力，扩大业务。

流动资产作为引起资产总额变动的主要原因，应该对流动资产各项目变化做进一步的分析。2008 年流动资产增加了918 656.4元，增长率为 19.36%，其中应收账款增加了395 859.18元，增长速度为 13.38%，结合利润表，从公司在 2008 年的营收收入来看，公司 2008 年度销售状况呈现上升趋势，但在增加收入的同时，放松了信用政策，会给企业带来新的坏账。预付账款 2008 年增加166 611.41元，增长速度为 24.32%，结合业绩增加及生产水平提高，可以推定公司的原材料市场可能为卖方市场，公司可能大量采用预付账款方式购货。流动资产中存货在 2008 年增加了191 898.29元，增加幅度为 35.74%，说明企业在生产能力增强的同时，产生了大量的存货，增长速度过快，风险增加。其他应收款的影响不是很大，从年初的68 000元到年末的126 500元仅增加了58 500元，虽然增加速度是 86.03%，但绝对值上影响并不大。因此，可以得出结论，2008 年公司主营业务产业发展迅速，生产能力提高，但过程中产生大量存货，为了适应生产能力的提高速度，消耗存货，公司采取宽松的信用政策，产生大量应收账款，随之也会产生大量的坏账和坏账准备，说明销售市场并不稳定，而原材料取得上是采用的预付方式，增加风险控制方面的难度，在企业长期发展中，以这种方式增加企业销售量并不可取，应该引起企业领导者的警惕。

(二)负债及所有者权益变动分析

权益总体 2008 年年末较 2007 年年末增加了 1 000 817.1 元，增长率为 11.33%，进一步分析得出，权益总额增加是由所有者权益增加引起的。一方面，所有者权益由年初6 029 083.02元到年末的7 093 421.93元，绝对值增加了1 044 338.91元，增长速度为 17.32%；另一方面，公司的负债总额减少了43 521.81元，速度为 1.55%，两项综合作用使公司权益总额增加了 11.33%。2008 年所有者权益上盈余公积增加了106 633.89元，增长速度为 32.31%，未分配利润增加939 905.02元，增长速度为215.46%，增长速度非常快，但是公司在 2007 年年末分配了500 000元的普通股股利，2007 年的未分配利润是936 222.04元，重新计算后，2008 年年未分配利润的增长速度为 47%，可见 2008 年企业盈利状况非常好。2008 年负债总额比 2007 年减少了43 521.81元，速度为 1.55%，公司没有长期负债，大部分是流动负债，流动负债的减少主要是因为应付福利费和其他应付款 2008 年比 2007 年减少了 20 497.93 元和 14 278.52 元，变动率为 -32.71% 和 -25.57%，但从绝对值上看影响不大。总体上看公司的负债呈下降趋势，公司开始逐渐清偿短期债务，维护企业信誉，但公司历年来的债务就不多，融资方式是否有效合理还须进一步分析。

（三）资产负债表结构分析

ABC 机械有限公司共同比资产负债表

单位：元

项目	年份		结构百分比		
资产	2007 年年末	2008 年年末	2007 年年末	2008 年年末	差异
流动资产：					
货币资金	481 144.69	551 685.79	5.45%	5.61%	0.16%
交易性金融资产					
应收票据					
应收利息					
应收股利					
应收账款	2 958 822.68	3 354 681.86	33.51%	34.12%	0.62%
其他应收款	14 484.00	49 730.42	0.16%	0.51%	0.34%
预付账款	684 950.80	851 562.21	7.76%	8.66%	0.91%
存货	536 926.09	728 824.38	6.08%	7.41%	1.33%
待摊费用	68 000.00	126 500.00	0.77%	1.29%	0.52%
其他流动资产					
流动资产合计	4 744 328.26	5 662 984.66	53.73%	57.60%	3.87%
长期投资：					
长期股权投资					
长期债权投资					
长期投资合计					
固定资产：					
固定资产原价	6 170 899.28	6 970 899.28	69.88%	70.91%	1.02%
减：累计折旧	2 085 100.62	2 802 939.92	23.61%	28.51%	4.90%
固定资产净值	4 085 798.66	4 167 959.36	46.27%	42.40%	-3.87%
减：固定资产减值准备					
固定资产净值	4 085 798.66	4 167 959.36	46.27%	42.40%	-3.87%
工程物资					
在建工程					

续表

项　　目	年　　份		结构百分比		
资产	2007年年末	2008年年末	2007年年末	2008年年末	差异
固定资产清理					
固定资产合计	4 085 798.66	4 167 959.36	46.27%	42.40%	−3.87%
无形资产及其他资产：					
无形资产					
长期待摊费用					
其他长期资产					
无形资产及其他资产合计					
资产合计	8 830 126.92	9 830 944.02	100.00%	100.00%	0.00%
流动负债：					
短期借款	1 900 000.00	1 900 000.00	21.52%	19.33%	−2.19%
应付票据					
应付账款	649 254.45	650 124.52	7.35%	6.61%	−0.74%
预收账款					
应付工资					
应付福利费	62 664.68	42 166.75	0.71%	0.43%	−0.28%
应付股利					
应交税金	116 542.67	108 657.74	1.32%	1.11%	−0.21%
其他应交款	16 541.57	15 012.07	0.19%	0.15%	−0.03%
其他应付款	55 840.53	41 562.01	0.63%	0.42%	−0.21%
预提费用					
预计负债					
流动负债合计	2 801 043.90	2 757 522.09	31.72%	28.05%	−3.67%
长期负债：					
长期借款					
应付债券					
长期应付款					
专项应付款					
长期负债合计					
负债合计	2 801 043.90	2 757 522.09	31.72%	28.05%	−3.67%

续表

项　目	年　份		结构百分比		
资产	2007 年年末	2008 年年末	2007 年年末	2008 年年末	差异
所有者权益：					
实收资本	5 180 000.00	5 180 000.00	58.66%	52.69%	−5.97%
资本公积	89 606.04	89 606.04	1.01%	0.91%	−0.10%
盈余公积	323 254.94	427 688.83	3.66%	4.35%	0.69%
其中：法定公益金					
未分配利润	436 222.04	137 627.06	4.94%	1.40%	−3.54%
所有者权益合计	6 029 083.02	7 073 421.93	68.28%	71.95%	3.67%
负债和所有者权益总计	8 830 126.92	9 830 944.02	100.00%	100.00%	0.00%

2007 年公司流动资产占总资产的 53.73%，非流动资产占 46.27%，公司资产流动性较强，但作为从事制造业的企业，流动资产比率过高。2008 年流动资产占总资产 57.60%，非流动资产占 42.40%，两年来流动资产没有明显变化，公司运行稳定。2007 年流动资产中占总资产比例较大的是应收账款、预付账款、存货和货币资金，分别为 33.51%、7.76%、6.08%和 5.45%，2008 年流动资产中占总资产比例较高的同为应收账款、预付账款、存货和货币资金，分别为 34.12%、8.66%、7.41%和 5.61%。可以看出应收账款占了很大比例，说明主营业务属于买方市场，公司可能采用宽松的信用政策来促进销售。存货的和预付账款比较稳定，说明企业一直处于良好的存货管理状态，销售量和生产量都得到有效的扩大。货币资金 2008 年比 2007 年增加了 0.16%，上升幅度不大，综合 2007 年发放普通股股利可见，2008 年货币资金量有所回升。公司 2007 年固定资产占总资产的 46.27%，2008 年固定资产占总资产的 42.40%，下降了 3.87%，固定资产较少，可以看出公司管理者采用的是适中型的资产结构，且固定资产比例呈下降趋势，而公司流动资产质量并不高，因此公司选择的固流结构一定程度地控制并规避了风险，可以判定公司目前的资产结构基本合理。

(四)利润表趋势分析

ABC 机械有限公司比较利润表　　单位：元

项　目	2007 年	2008 年	增减额	增减速度
一、营业收入	22 835 718.82	24 865 212.28	2 029 493.46	8.89%
减：营业成本	19 605 646.25	20 415 096.22	809 449.97	4.13%
营业税金及附加	116 462.16	126 812.58	10 350.42	8.89%
营业费用	580 483.97	720 238.27	139 754.30	24.08%
管理费用	1 501 676.86	2 095 142.78	593 465.92	39.52%
财务费用	85 120.40	96 785.55	11 665.15	13.70%

续表

项　目	2007 年	2008 年	增减额	增减速度
资产减值损失				
加：公允价值变动收益				
投资收益				
其中：对联企业和合营企业的投资收益				
二、营业利润	947 754.18	1 411 136.88	463 382.70	48.89%
加：营业外收入				
减：营业外支出	5 552.43	18 685.00	13 132.57	236.52%
其中：非流动资产损益				
三、利润总额	942 201.75	1 392 451.88	450 250.13	47.79%
减：所得税费用	310 926.58	348 112.97	37 186.39	11.96%
四、净利润	631 275.54	1 044 338.91	413 063.37	65.43%
五、每股收益				

由表数据发现，公司 2008 年与 2007 年相比，营业收入和营业成本都有所增长，其中，营业收入增速较快，高了 4 个百分点，结合“成本，销量，利润”分析中对成本形态的考虑，说明公司的成本控制处于良好状态。此外，公司 2008 年三项期间费用增长过快，营业外支出大幅增加，这些都给企业带来了负面影响。本期营业外支出大幅增加是个盲点，可请有关人员注意或向公司财务人员询问。伴随公司营业税金及附加的增加，所得税也有了一定幅度的提高，说明企业业绩有效增长。财务费用的增加，联系到资产负债表里短期负债的增加，可见公司的长期资金融资多是采用权益融资。

2008 年公司实现了营业利润 1 411 136.88 元，比去年增加了463 382.7元，增长率为 48.89%，主要是因为业绩提升，但是三项期间费用的较快增长在一定程度上减少了利润，应该引起注意。净利润为1 044 338.91元，比上期增长了413 063.37元，增长率为 65.43%，增长速度较快，所得税费用只增加了37 186.39元，增长率为 11.96%，与营业利润增加率相比，增长不成正比，说明 2008 年企业税收政策改变。营业外支出绝对值虽然不大，但是增长速度是 236.52%，应引起警惕。

(五)现金流量表分析

ABC 机械有限公司现金流量纵向分析表　　单位：元

项　目	2007 年度	2008 年度	增减额
一、经营活动产生的现金流量			
销售商品、提供劳务收到的现金	25 822 368.58	28 696 439.19	2 874 070.61
受到的税费返还			—

续表

项　　目	2007 年度	2008 年度	增减额
收到的其他与经营活动有关的现金	−1 902 207.07	1 300 810.28	3 203 017.35
经营活动现金流入小计	23 920 161.51	27 296 628.91	3 376 467.40
购买商品、接受劳务支付的现金	23 141 952.45	24 275 924.92	1 133 972.47
支付给职工以及为职工支付的现金	925 491.00	970 805.00	45 314.00
支付的各项税费	757 953.30	1 087 707.81	329 754.51
支付的其他与经营活动有关的现金			—
现金流出小计	24 825 396.75	26 334 437.73	1 509 040.98
经营活动产生的现金流量净额	−905 235.24	962 191.18	1 867 426.42
二、投资活动产生的现金流量			—
收回投资所收到的现金			—
取得投资收益所收到的现金			—
处置固定资产、无形资产和其他长期资产所收回的现金净额			—
收到的其他与投资活动有关的现金			—
现金流入小计			—
构建固定资产、无形资产和其他长期资产所支付的现金		800 000.00	800 000.00
投资所支付的现金			—
支付的其他与投资活动有关的现金			—
现金流出小计		800 000.00	800 000.00
投资活动产生的现金流量净额		−800 000.00	−800 000.00
三、筹资活动产生的现金流量			—
吸收投资所收到的现金			—
借款所收到的现金	1 000 000.00		−1 000 000.00
收到的其他与筹资活动有关的现金			—
现金流入小计	1 000 000.00		−1 000 000.00
偿还债务所支付的现金			—
分配股利、利润或偿付利息所支付的现金	89 562.57	91 650.08	2 087.51
支付的其他与筹资活动有关的现金			—
现金流出小计	89 562.57	91 650.08	2 087.51
筹资活动产生的现金流量净额	910 437.43	−91 650.08	−1 002 087.51
四、汇率变动对现金的影响			—
五、现金及现金等价物净增加额	5 202.19	70 541.10	65 338.91

续表

项　　目	2007 年度	2008 年度	增减额
补充资料			
1. 将净利润调节为经营活动现金流量			—
净利润	631 275.17	1 044 338.91	413 063.74
加：计提的资产减值准备	4 572.39	2 166.36	−2 406.03
固定资产折旧	59 819.95	717 839.30	658 019.35
无形资产摊销			—
长期待摊费用摊销			—
待摊费用减少(减：增加)	−68 000.00	−58 500.00	9 500.00
预提费用增加(减：减少)			—
处置固定资产、无形资产和其他长期资产的损失			—
固定资产保费损失			—
财务费用	89 562.57	91 650.08	2 087.51
投资损失(减：收益)			—
递延税款贷项(减：增加)			—
存货的减少(减：增加)	−158 177.52	−191 898.29	−33 720.77
经营性应收项目的减少(减：增加)	−1 023 942.82	597 717.01	1 621 659.83
经营性应付项目的增加(减：减少)	64 227.41	−43 521.81	−107 749.22
其他	−504 572.39	−2 166.36	502 406.03
经营活动产生的现金流量净额	−905 235.24	962 191.16	1 867 426.40
2. 不涉及现金收支的投资和筹资活动			—
债务转为资本			—
一年内到期的可转换公司债券			—
3. 现金及现金等价物净增加情况			—
现金的期末余额	481 144.69	551 685.79	70 541.10
减：现金的期初余额	475 942.50	481 144.69	5 202.19
加：现金等价物的期末余额			—
减：现金等价物的期初余额			—
现金及现金等价物净增加额	5 202.19	70 541.10	65 338.91

从现金等价物增加额可以看出，公司 2008 年的现金净流入状况有很大提高，现金的拥有量净增加了65 338.91元，一定程度上提高了资金周转能力和偿债能力。

从经营活动过程看，2008 年现金流入为26 334 437.73元，比 2007 年增加了

1 867 426.42元，其中销售商品、提供劳务收到的现金增加了2 874 070.61元。2008 年收到其他与经营活动有关的现金为1 300 810.28元，2007 年为－1 902 207.07元。而2008 年购买商品、接受劳务支付的现金增加了1 133 972.47元，相互作用下，最终使经营活动现金净流量增加了1 509 040.98元，业绩增长给企业带来了较快的发展。

2008 年公司的投资活动现金流量净额为－800 000元，2007 年则没有发生现金活动。主要原因是2008 年购置了新的固定资产，用以扩大企业的生产规模。

在公司的筹资活动方面，2008 年增长速度为－1 002 087.51元，原因在于2007 年收到一笔借款1 000 000元，2008 年并无增加负债，2007 年和2008 年均支付了相应的利息费用。

补充资料分析：

2008 年固定资产折旧为717 839.30元，比2007 年增加了近10 倍，其原因是公司采用了新的折旧政策，还是购入新的大型固定资产而适用加速折旧法折旧，须要询问有关人员。经营活动应收项目2008 年虽然有减少597 717.01元，对于前面提到的应收账款仍然较少，企业货币政策非常宽松。经营性应付项目2008 年有所减少，减少了43 521.81元，存货2008 年增加了33 720元，共同作用使得2008 年经营性现金流量净额增加了1 867 426.40元。2008 年公司的生产能力和销售能力的增强使得净利润增加，这是公司经营活动产生的现金净流量增加的另外一个非常重要的原因。

三、综合分析

经上述从各个方面作出的具体分析，对公司的财务状况、经营成果有了不同层次的了解，下面通过杜邦分析法对公司的经济效益作一个完整、系统的分析，并绘制杜邦财务体系图。

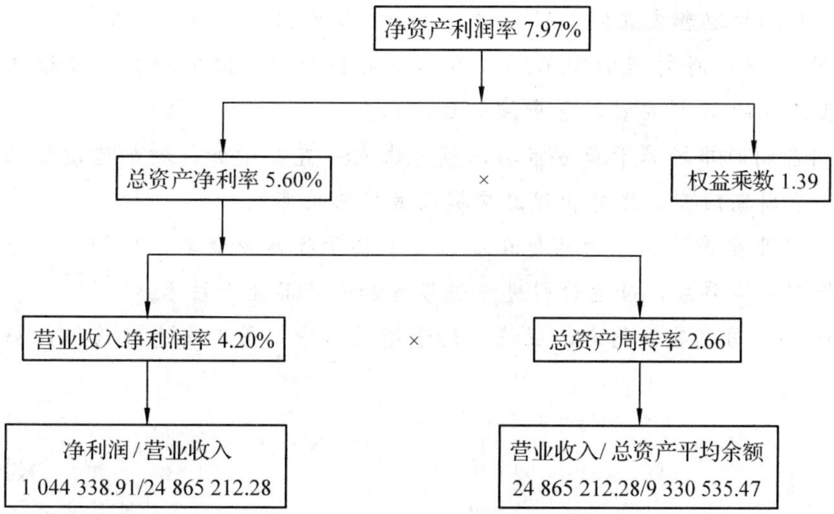

杜邦财务分析的基本结构图

根据上述分析可以发现如下几个问题：

1. 公司2008年净资产利润率为7.97%，反映企业在筹资、投资、资产运营方面效率较低，提高净资产利润率是使所有者权益最大化的根本保证。

2. 总资产净利率2008年为5.60%，权益乘数为1.39，结合资产负债表，可以了解到公司有少量负债，长期资金主要来自权益资金，总体资金的成本较高，杠杆作用不大，但资金风险有一定程度的降低，在公司获利能力不高时，公司管理层比较重视风险。

3. 2008年公司营业收入净利率是4.20%，在生产加工型企业中是偏低的，要提高营业收入净利率，一靠营业收入，二靠降低成本费用。2008年企业在扩大销售收入方面做出较多努力，得到一定成效，一定程度上突出了企业成本费用过高的事实。公司要获得更好的收益就要降低成本费用，势必要走科学型、集约型发展道路。

4. 总资产周转率为2.66，联系营业收入分析企业资产的使用情况，认为公司资产使用率较高，一直处于上升趋势。基本属于“高开工、低收益”的加工生产企业。

四、存在问题及建议总结

1. 近几年公司的长期资金一直依靠权益资金，管理者比较注意风险控制，这是因为企业的净资产收益率并不高，主要靠扩大销售来增加利润，且成本费用也较高。管理者可以适量考虑增加一定量的长期负债，用于增加固定资产。此外，长期负债还可以抵扣所得税，对于有潜力的发展中企业，长期负债也可一定程度地降低融资成本，使投资者获得更高收益。

2. 公司采用的信用政策较宽松，近年来应收账款和应收票据呈上升趋势，且应收账款资金的占用时间过长，变现速度较慢，这导致资金成本上升，坏账损失和收账费用也随之上升。管理者应该控制好应收账款和应收票据。

3. 公司2008年存货增加额不高，不构成主要影响，但是增长速度过快，高于营业收入增长速度的10%左右，也应该引起注意。

4. 公司原材料市场属于卖方市场，预付账款一直在增加，增加速度较快，考虑到现在已经处于周期顶峰，公司管理者应提前做战略性布局。

5. 公司从事生产、加工的品种在本行业中属于收益较低类，从指标可以看出，为实现公司长期发展要求，应适时引进先进设备和新产品生产技术。

6.2008年公司发展较稳定，业绩也处于增长当中。管理者态度谨慎，公司具有一定潜力。

××

××年××月××日

第七章

Excel 在财务分析中的运用

第一节　Excel 在三项专项能力分析中的应用

Excel 是办公软件中最常见的一种，其中包含的各种表格函数有利于提高财务分析的效率，本章主要介绍 Microsoft Excel(2007 版)在财务分析中的应用。以苏州××沥青有限公司(民营企业)为例，介绍如何应用 Excel 表格功能快速解决三项专项能力分析的问题。公司的原始数据如下表：

表 10　资产负债表

编制单位：苏州××沥青有限公司　　2012 年 12 月 31 日　　单位：元

资　　产	期　初　数	期　末　数
流动资产：		
货币资金	27 865 075.88	48 196 866.84
短期投资		100 000.00
应收票据		
应收股利		
应收利息		
应收账款	43 965 329.54	98 832 942.47
其他应收款	11 631 270.98	32 056 131.27
预付账款	10 473 809.10	5 358 801.58
应收补贴款		
存货	11 574 503.86	
待摊费用		
一年内到期的长期债权投资		
其他流动资产		

续表

资　　产	期 初 数	期 末 数
流动资产合计	105 509 989.36	184 544 742.16
固定资产：		
固定资产原价	576 801.99	1 666 487.23
减：累计折旧	2 734.70	70 905.99
固定资产净值	574 067.29	1 595 581.24
减：固定资产减值准备		
固定资产净额	574 067.29	1 595 581.24
工程物资		
在建工程	2 132 365.24	1 172 680.00
固定资产清理		
固定资产合计	2 706 432.53	2 768 261.24
无形资产及其他资产：		
无形资产	4 983 640.00	4 600 283.08
无形资产及其他资产合计	4 983 640.00	4 600 283.08
资产总计	113 200 061.89	191 913 286.48
负债及所有者权益	期 初 期	期 末 期
流动负债：		
短期借款	19 000 000.00	10 000 000.00
应付票据	52 000 000.00	94 799 950.00
应付账款	26 457 839.17	87 009 081.96
预收账款	−3 940.00	254 000.01
应付工资		
应付福利费		
应付股利		
应交税金	121 345.74	260 848.88
其他应交款	40 487.25	99 162.27
其他应付款	11 719 000.00	20 362 750.00
流动负债合计	109 334 732.16	212 785 793.12
长期负债：		
长期借款		
应付债券		
长期应付款		

续表

资　　产	期　初　数	期　末　数
长期负债合计	—	—
负债合计	109 334 732.16	212 785 793.12
所有者权益：		
实收资本	10 000 000.00	10 000 000.00
减：已归还投资		
实收资本净额	10 000 000.00	10 000 000.00
资本公积	94 000.00	94 000.00
盈余公积		
其中：法定公益金		
未分配利润	−6 228 670.27	−30 966 506.64
所有者权益合计	3 865 329.73	−20 872 506.64
负债及所有者权益总计	113 200 061.89	191 913 286.48

表 11　利润表

编制单位：苏州××沥青有限公司　　2012 年 12 月 31 日　　单位：元

项　　目	上　期　数	本　期　数
一、主营业务收入	331 914 446.23	600 498 999.80
减：主营业务成本	324 464 725.10	591 158 336.51
主营业务税金及附加	418 602.09	715 576.72
二、主营业务利润(亏损以"—"号填列)	7 031 119.04	8 625 086.57
加：其他业务利润(亏损以"—"号填列)		
减：营业费用	4 491 930.21	7 103 249.29
管理费用	554 496.10	1 164 032.21
财务费用	8 231 052.10	24 693 653.56
三、营业利润(亏损以"—"号填列)	−6 246 359.37	−24 335 848.49
加：投资收益(损失以"—"号填列)		
补贴收入		
营业外收入		
减：营业外支出	1 172.85	260 741.95
四、利润总额(亏损总额以"—"号填列)	−6 247 532.22	−24 596 590.44
减：所得税		
少数股东损益		
五、净利润(净亏损以"—"号填列)	−6 247 532.22	−24 596 590.44

以上表数据为基础，利用 Excel，计算企业三项专项能力指标值。

打开 Excel 软件，新建一个工作簿，名称为“苏州××沥青有限公司”，将以上数据放入 Excel 表中形成两张新的工作表，分别命名为“资产负债表”和“利润及利润分配表”，如图 7-1、图 7-2 所示。

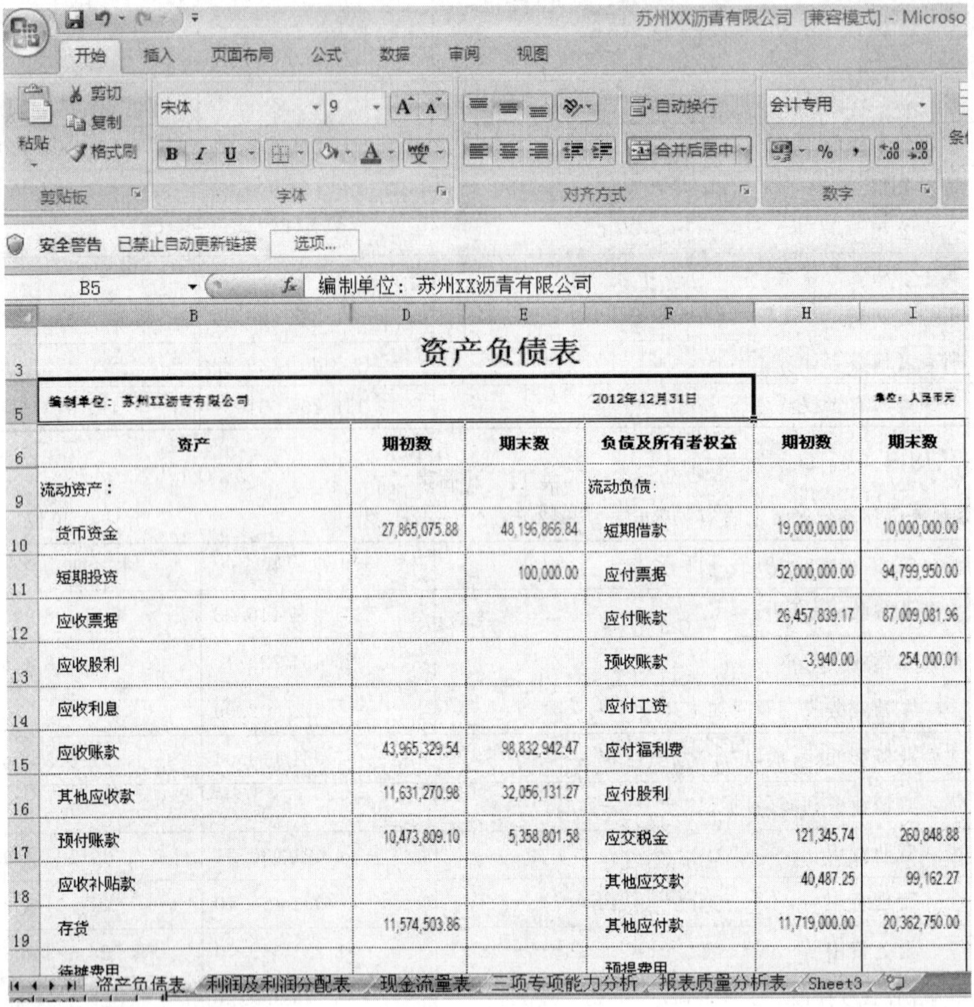

资产	期初数	期末数	负债及所有者权益	期初数	期末数
流动资产：			流动负债:		
货币资金	27,865,075.88	48,196,866.84	短期借款	19,000,000.00	10,000,000.00
短期投资		100,000.00	应付票据	52,000,000.00	94,799,950.00
应收票据			应付账款	26,457,839.17	87,009,081.96
应收股利			预收账款	-3,940.00	254,000.01
应收利息			应付工资		
应收账款	43,965,329.54	98,832,942.47	应付福利费		
其他应收款	11,631,270.98	32,056,131.27	应付股利		
预付账款	10,473,809.10	5,358,801.58	应交税金	121,345.74	260,848.88
应收补贴款			其他应交款	40,487.25	99,162.27
存货	11,574,503.86		其他应付款	11,719,000.00	20,362,750.00
待摊费用			预提费用		

图 7-1

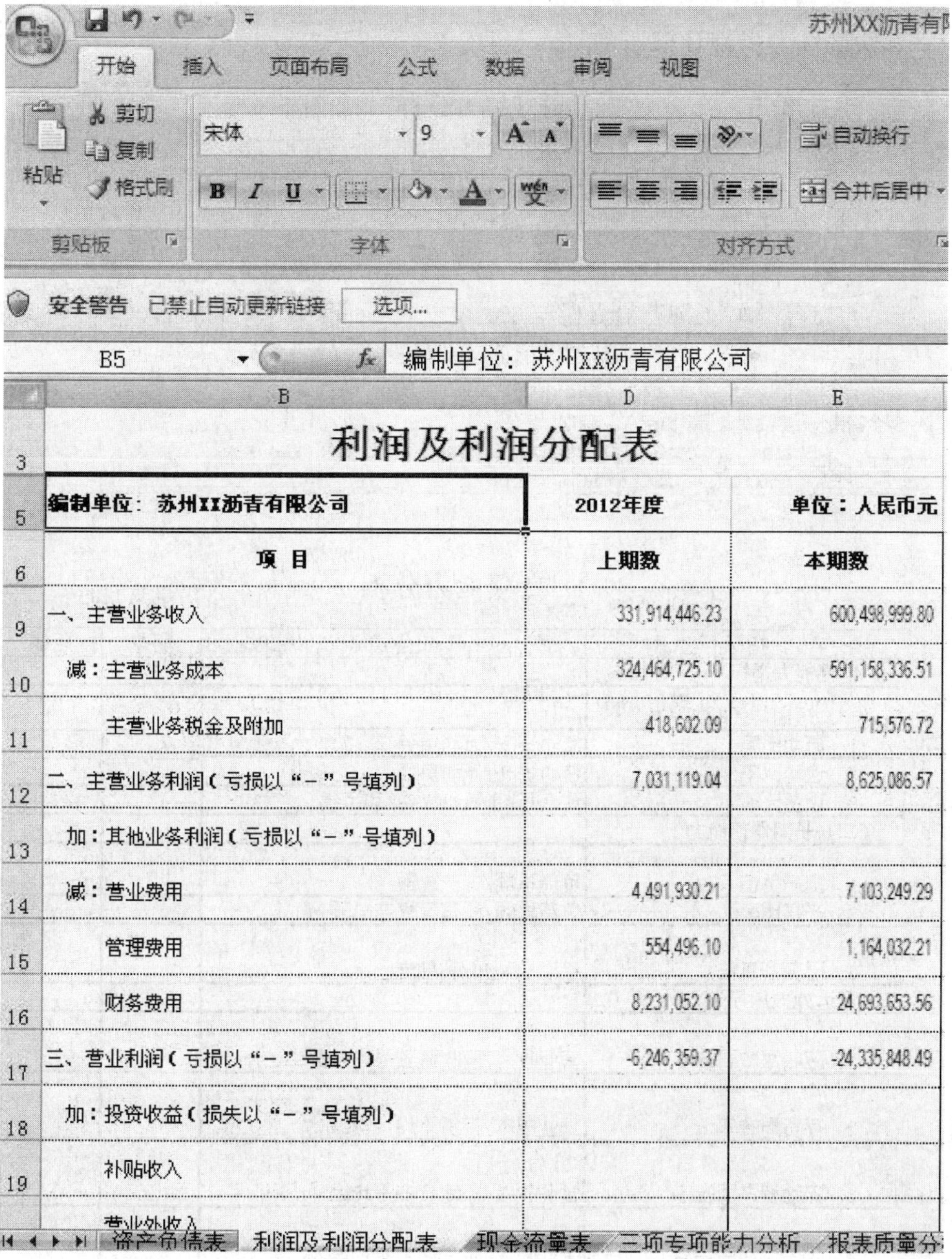

利润及利润分配表

项　目	上期数	本期数
编制单位：苏州XX沥青有限公司	2012年度	单位：人民币元
一、主营业务收入	331,914,446.23	600,498,999.80
减：主营业务成本	324,464,725.10	591,158,336.51
主营业务税金及附加	418,602.09	715,576.72
二、主营业务利润（亏损以“－”号填列）	7,031,119.04	8,625,086.57
加：其他业务利润（亏损以“－”号填列）		
减：营业费用	4,491,930.21	7,103,249.29
管理费用	554,496.10	1,164,032.21
财务费用	8,231,052.10	24,693,653.56
三、营业利润（亏损以“－”号填列）	-6,246,359.37	-24,335,848.49
加：投资收益（损失以“－”号填列）		
补贴收入		
营业外收入		

图 7-2

一、偿债能力指标计算

新建一张工作表，命名为“三项专项能力分析”。如图 7-3 所示。

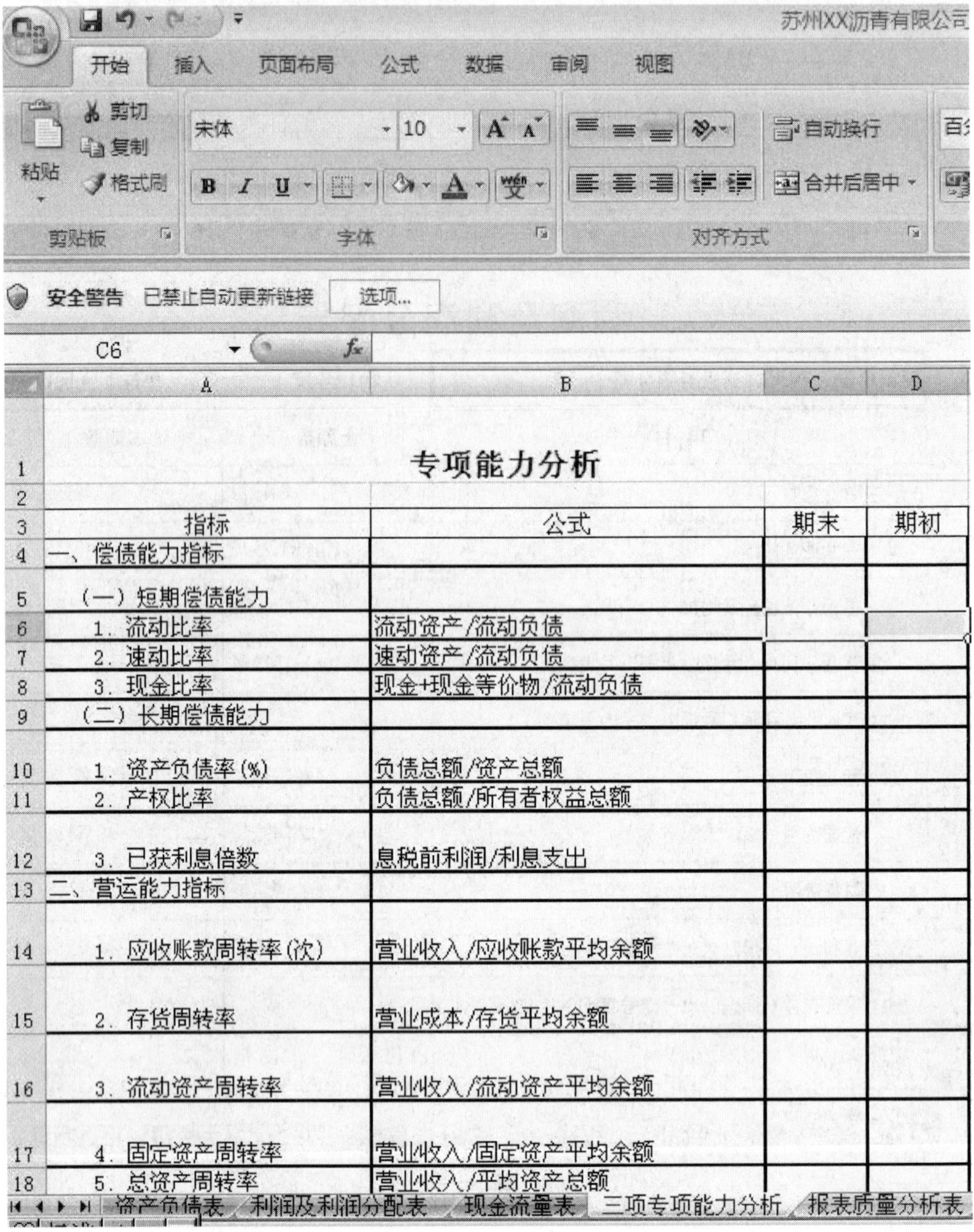

	A	B	C	D
1	专项能力分析			
2				
3	指标	公式	期末	期初
4	一、偿债能力指标			
5	（一）短期偿债能力			
6	1．流动比率	流动资产/流动负债		
7	2．速动比率	速动资产/流动负债		
8	3．现金比率	现金+现金等价物/流动负债		
9	（二）长期偿债能力			
10	1．资产负债率(%)	负债总额/资产总额		
11	2．产权比率	负债总额/所有者权益总额		
12	3．已获利息倍数	息税前利润/利息支出		
13	二、营运能力指标			
14	1．应收账款周转率(次)	营业收入/应收账款平均余额		
15	2．存货周转率	营业成本/存货平均余额		
16	3．流动资产周转率	营业收入/流动资产平均余额		
17	4．固定资产周转率	营业收入/固定资产平均余额		
18	5．总资产周转率	营业收入/平均资产总额		

图 7-3

首先，计算 2012 年的流动比率。在单元格 C6 中输入“＝”号，然后选中资产负债表工作表，用选定单元格的方式在编辑栏中的等号后输入“资产负债表！D23/资产负债表！H26”，回到专项能力分析工作表中，可以看到 C6 单元格中显示的是数据 96.50％，编辑栏中显示的是“＝资产负债表！D23/资产负债表！H26”。将鼠标定位在

C6 单元格的右下角，鼠标变成黑色小十字，点住左键往右拉至 D6，则 D6 单元格数据计算出来是 86.73%，编辑栏显示“＝资产负债表！E23/资产负债表！I26”，如图 7-4 所示。

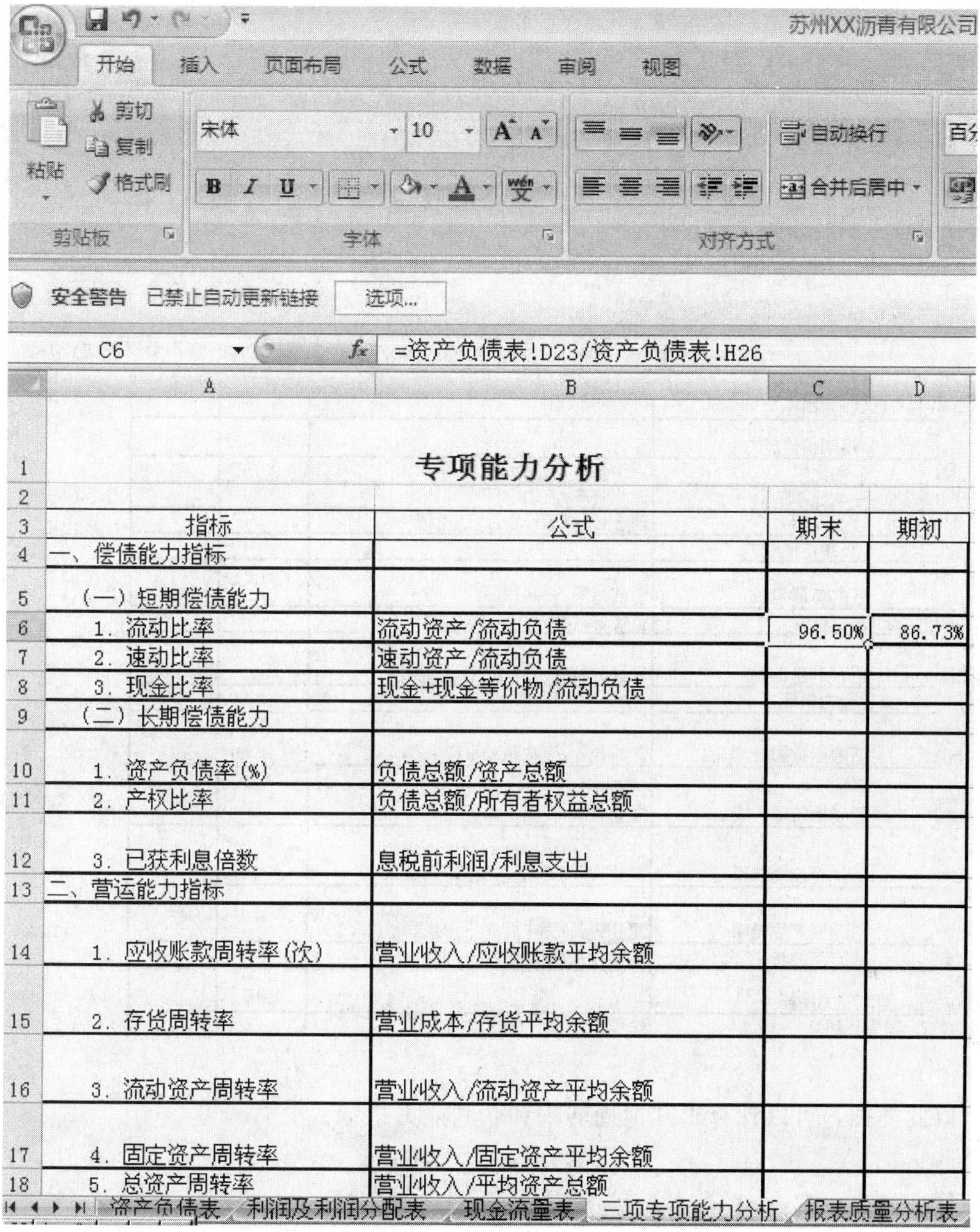

	A	B	C	D
1	专项能力分析			
2				
3	指标	公式	期末	期初
4	一、偿债能力指标			
5	（一）短期偿债能力			
6	1．流动比率	流动资产/流动负债	96.50%	86.73%
7	2．速动比率	速动资产/流动负债		
8	3．现金比率	现金+现金等价物/流动负债		
9	（二）长期偿债能力			
10	1．资产负债率(%)	负债总额/资产总额		
11	2．产权比率	负债总额/所有者权益总额		
12	3．已获利息倍数	息税前利润/利息支出		
13	二、营运能力指标			
14	1．应收账款周转率(次)	营业收入/应收账款平均余额		
15	2．存货周转率	营业成本/存货平均余额		
16	3．流动资产周转率	营业收入/流动资产平均余额		
17	4．固定资产周转率	营业收入/固定资产平均余额		
18	5．总资产周转率	营业收入/平均资产总额		

图 7-4

以此类推，可以计算出其他偿债能力指标值。

二、营运能力指标计算方法

营运能力指标涉及步骤较多，注意单元格公式中应使用括号。首先计算应收账款周转率。

在单元格 C14 中输入“＝利润及利润分配表！D9/(资产负债表！D15＋资产负债表！E15) * 2”，然后敲回车键，计算出的 2012 年应收账款周转率为 4.65。如图 7-5 所示。

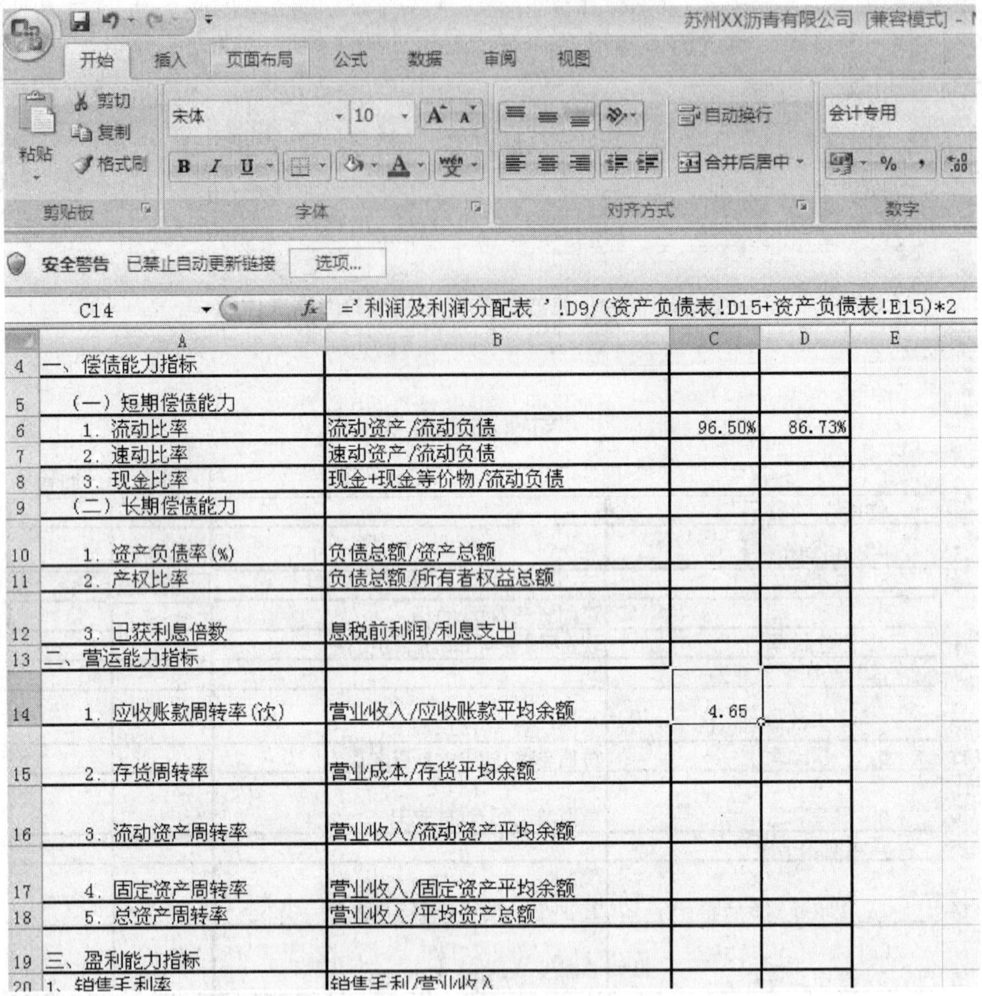

图 7-5

以此类推，可以计算出其他周转率和获利能力指标。

第二节　Excel 在报表质量分析中的应用

一、Excel 趋势分析中的应用

新建一张工作表，命名为“报表质量分析表”。在这张新表中可以先将资产负债表和利润表科目全部复制过来，建立比较资产负债表、比较利润表、共同比资产负债表和共同比利润表。

首先制作比较资产负债表在 B6 单元格中输入“＝资产负债表！E10－资产负债表！D10”，得到数据20 331 790.96，再在单元格 C6 中输入“＝B6/资产负债表！D10”，得到数据 72.97％。如图 7-6 所示。

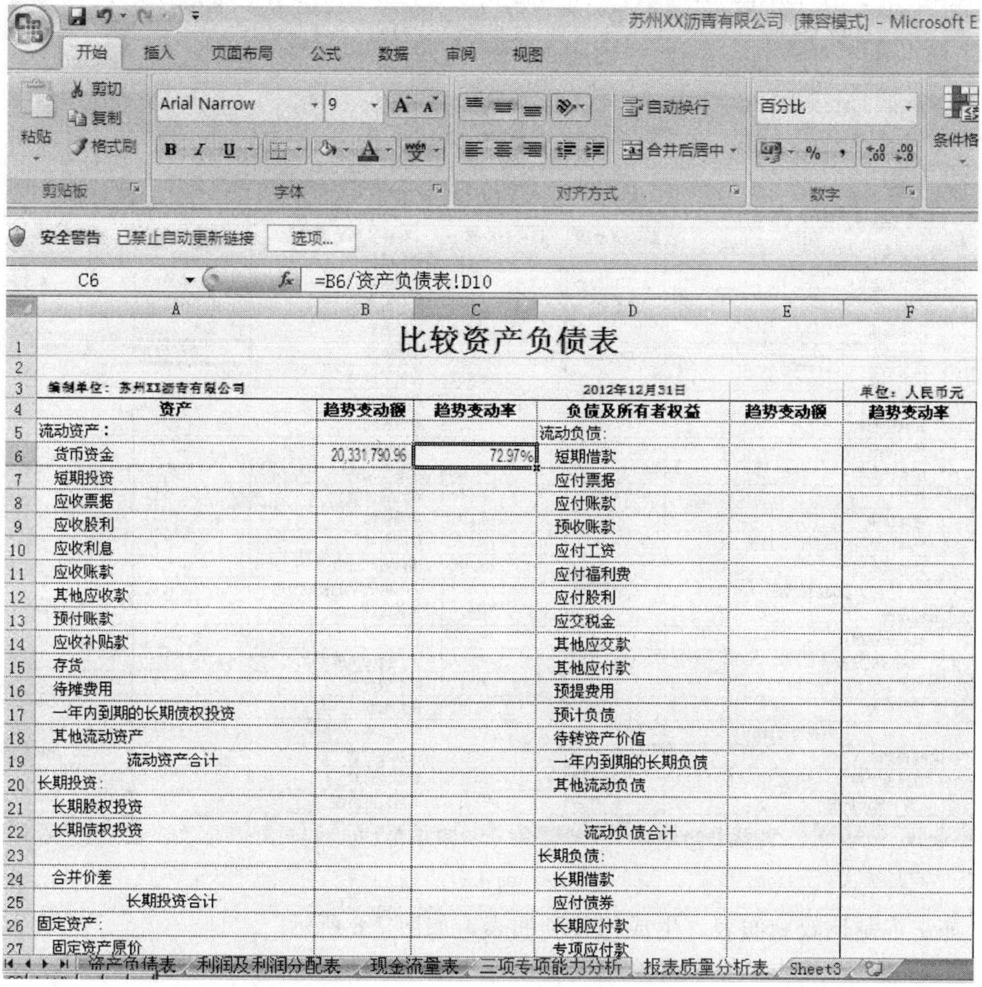

比较资产负债表

编制单位：苏州XX沥青有限公司			2012年12月31日		单位：人民币元
资产	趋势变动额	趋势变动率	负债及所有者权益	趋势变动额	趋势变动率
流动资产：			流动负债：		
货币资金	20,331,790.96	72.97%	短期借款		
短期投资			应付票据		
应收票据			应付账款		
应收股利			预收账款		
应收利息			应付工资		
应收账款			应付福利费		
其他应收款			应付股利		
预付账款			应交税金		
应收补贴款			其他应交款		
存货			其他应付款		
待摊费用			预提费用		
一年内到期的长期债权投资			预计负债		
其他流动资产			待转资产价值		
流动资产合计			一年内到期的长期负债		
长期投资：			其他流动负债		
长期股权投资					
长期债权投资			流动负债合计		
			长期负债：		
合并价差			长期借款		
长期投资合计			应付债券		
固定资产：			长期应付款		
固定资产原价			专项应付款		

图 7-6

将鼠标放在单元格 B6 的右下角，当光标变成小黑十字后，按住左键往下拉，一直拉到 C 列中总资产对应单元格处为止。以此类推，计算其他数据，最后生成比较资产负债表，如图 7-7 所示。

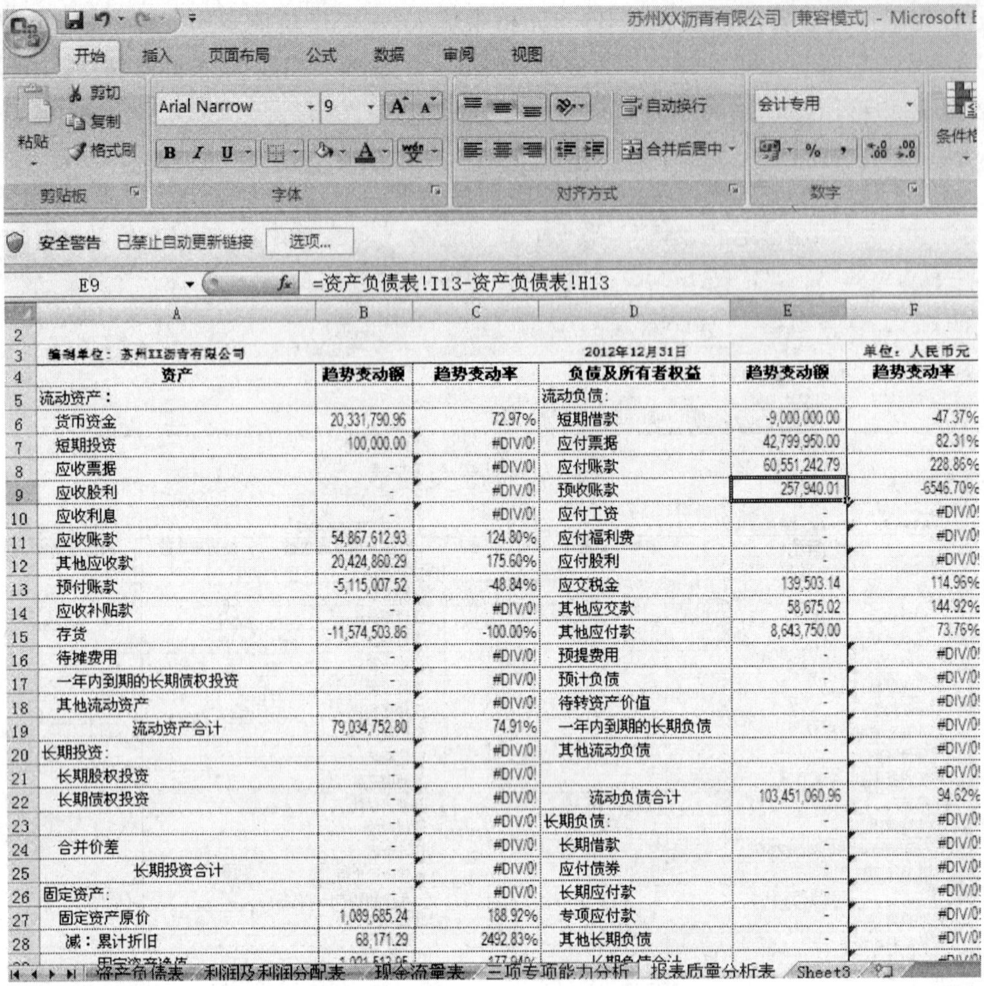

编制单位：苏州XX沥青有限公司			2012年12月31日		单位：人民币元
资产	趋势变动额	趋势变动率	负债及所有者权益	趋势变动额	趋势变动率
流动资产：			流动负债：		
货币资金	20,331,790.96	72.97%	短期借款	-9,000,000.00	-47.37%
短期投资	100,000.00	#DIV/0!	应付票据	42,799,950.00	82.31%
应收票据	-	#DIV/0!	应付账款	60,551,242.79	228.86%
应收股利	-	#DIV/0!	预收账款	257,940.01	-6546.70%
应收利息	-	#DIV/0!	应付工资	-	#DIV/0!
应收账款	54,867,612.93	124.80%	应付福利费	-	#DIV/0!
其他应收款	20,424,860.29	175.60%	应付股利	-	#DIV/0!
预付账款	-5,115,007.52	-48.84%	应交税金	139,503.14	114.96%
应收补贴款	-	#DIV/0!	其他应交款	58,675.02	144.92%
存货	-11,574,503.86	-100.00%	其他应付款	8,643,750.00	73.76%
待摊费用	-	#DIV/0!	预提费用	-	#DIV/0!
一年内到期的长期债权投资	-	#DIV/0!	预计负债	-	#DIV/0!
其他流动资产	-	#DIV/0!	待转资产价值	-	#DIV/0!
流动资产合计	79,034,752.80	74.91%	一年内到期的长期负债	-	#DIV/0!
长期投资：	-	#DIV/0!	其他流动负债	-	#DIV/0!
长期股权投资	-	#DIV/0!		-	#DIV/0!
长期债权投资	-	#DIV/0!	流动负债合计	103,451,060.96	94.62%
	-	#DIV/0!	长期负债：	-	#DIV/0!
合并价差	-	#DIV/0!	长期借款	-	#DIV/0!
长期投资合计	-	#DIV/0!	应付债券	-	#DIV/0!
固定资产：	-	#DIV/0!	长期应付款	-	#DIV/0!
固定资产原价	1,089,685.24	188.92%	专项应付款	-	#DIV/0!
减：累计折旧	68,171.29	2492.83%	其他长期负债	-	#DIV/0!

图 7-7

如法炮制比较利润表。生成比较利润表，如图 7-8 所示。

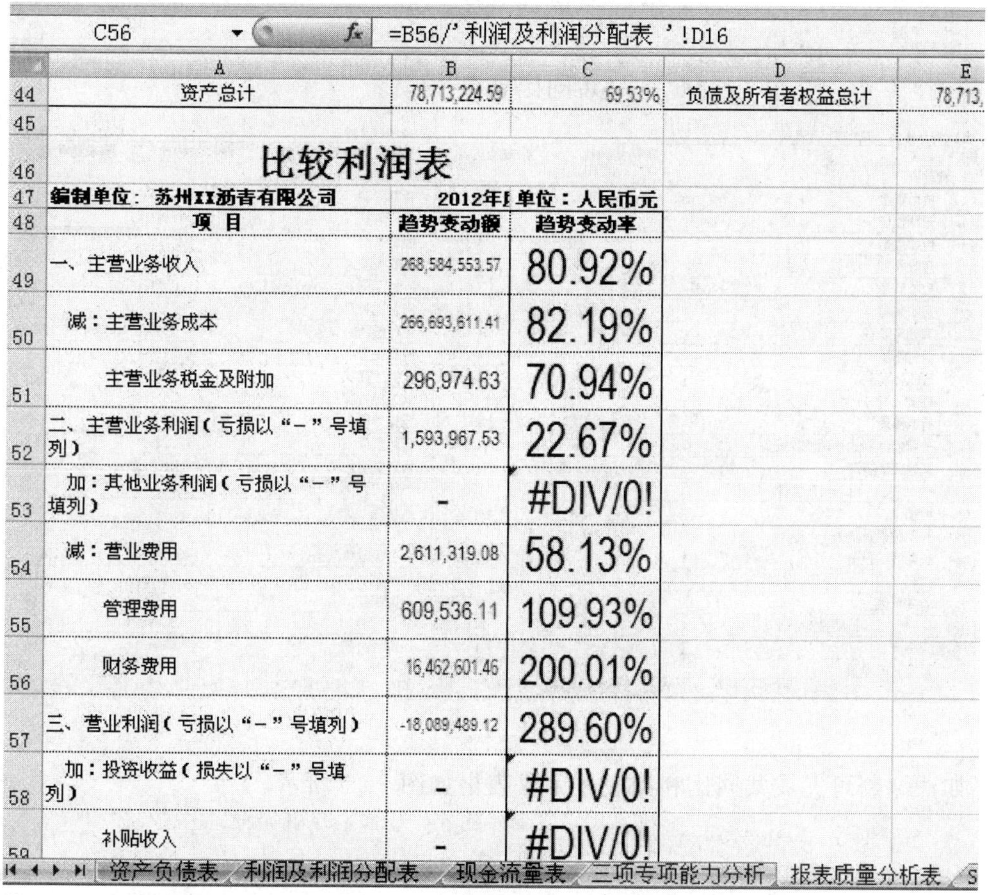

C56 =B56/'利润及利润分配表'!D16

	A	B	C	D	E
44	资产总计	78,713,224.59	69.53%	负债及所有者权益总计	78,713,
45					
46	比较利润表				
47	编制单位：苏州XX沥青有限公司	2012年	单位：人民币元		
48	项　目	趋势变动额	趋势变动率		
49	一、主营业务收入	268,584,553.57	80.92%		
50	减：主营业务成本	266,693,611.41	82.19%		
51	主营业务税金及附加	296,974.63	70.94%		
52	二、主营业务利润（亏损以"－"号填列）	1,593,967.53	22.67%		
53	加：其他业务利润（亏损以"－"号填列）	-	#DIV/0!		
54	减：营业费用	2,611,319.08	58.13%		
55	管理费用	609,536.11	109.93%		
56	财务费用	16,462,601.46	200.01%		
57	三、营业利润（亏损以"－"号填列）	-18,089,489.12	289.60%		
58	加：投资收益（损失以"－"号填列）	-	#DIV/0!		
59	补贴收入	-	#DIV/0!		

图 7-8

二、Excel 结构分析中的应用

首先制作共同比资产负债表。选定单元格 B88，在 B88 中输入"＝资产负债表!D10/资产负债表!＄D＄48"，计算出数据 24.62%。把鼠标放在 B88 单元格右下角，变成黑色小十字后，按住左键往下拉，即可完成 B 列数据的计算。接着选定单元格 C88、E88 和 F88，在其中分别输入"＝资产负债表!E10/资产负债表!＄E＄48""＝资产负债表!H10/资产负债表!＄H＄48"和"＝资产负债表!I10/资产负债表!＄I＄48"，分别把鼠标放在 C88、E88 和 F88 单元格右下角，变成黑色小十字后，按住左键往下拉，即可完成各列的数据计算。如图 7-9 所示。

F89 =资产负债表!I11/资产负债表!$I$48

共同比资产负债表

编制单位：苏州XX沥青有限公司 2012年12月31日 单位：人民币元

资产	期初结构比	期末结构比	负债及所有者权益	期初结构比	期末结构比
流动资产：			流动负债：		
货币资金	24.62%	25.11%	短期借款	16.78%	5.21%
短期投资	0.00%	0.05%	应付票据	45.94%	49.40%
应收票据	0.00%	0.00%	应付账款	23.37%	45.34%
应收股利	0.00%	0.00%	预收账款	0.00%	0.13%
应收利息	0.00%	0.00%	应付工资	0.00%	0.00%
应收账款	38.84%	51.50%	应付福利费	0.00%	0.00%
其他应收款	10.27%	16.70%	应付股利	0.00%	0.00%
预付账款	9.25%	2.79%	应交税金	0.11%	0.14%
应收补贴款	0.00%	0.00%	其他应交款	0.04%	0.05%
存货	10.22%	0.00%	其他应付款	10.35%	10.61%
待摊费用	0.00%	0.00%	预提费用	0.00%	0.00%
一年内到期的长期债权投资	0.00%	0.00%	预计负债	0.00%	0.00%
其他流动资产	0.00%	0.00%	待转资产价值	0.00%	0.00%
流动资产合计	93.21%	96.16%	一年内到期的长期负债	0.00%	0.00%
长期投资：	0.00%	0.00%	其他流动负债	0.00%	0.00%
长期股权投资	0.00%	0.00%		0.00%	0.00%
长期债权投资	0.00%	0.00%	流动负债合计	96.59%	110.88%
	0.00%	0.00%	长期负债：	0.00%	0.00%
合并价差	0.00%	0.00%	长期借款	0.00%	0.00%
长期投资合计	0.00%	0.00%	应付债券	0.00%	0.00%
固定资产：	0.00%	0.00%	长期应付款	0.00%	0.00%
固定资产原价	0.51%	0.87%	专项应付款	0.00%	0.00%

资产负债表 利润及利润分配表 现金流量表 三项专项能力分析 报表质量分析表 Sheet3

图 7-9

如法炮制可完成共同比利润表，完成表格如图 7-10 所示。

C141 ='利润及利润分配表'!E18/'利润及利润分配表'!$E$9

共同比利润表

编制单位：苏州XX沥青有限公司 2012年度 单位：人民币元

项 目	期初结构比	期末结构比
一、主营业务收入	100.00%	100.00%
减：主营业务成本	97.76%	98.44%
主营业务税金及附加	0.13%	0.12%
二、主营业务利润（亏损以"－"号填列）	2.12%	1.44%
加：其他业务利润（亏损以"－"号填列）	0.00%	0.00%
减：营业费用	1.35%	1.18%
管理费用	0.17%	0.19%
财务费用	2.48%	4.11%
三、营业利润（亏损以"－"号填列）	-1.88%	-4.05%
加：投资收益（损失以"－"号填列）	0.00%	0.00%
补贴收入	0.00%	0.00%

资产负债表 利润及利润分配表 现金流量表 三项专项能力分析 报表质量分析表

图 7-10

其中主要运用到 Excel 基础知识中的单元格相对引用和绝对引用，可参照相关书籍进行学习。

第三节 Excel应用范例

范文一：

滨江集团股份有限公司2011年度财务分析报告

主送：总经理

引 言

杭州滨江集团股份有限公司成立于1996年，具有建设部一级开发资质，系全国民营企业500强，中国房地产企业50强，长三角房地产领军企业。公司秉承"创造生活，建筑家"的专业理念，形成了"品牌为基础、战略为导向、品质为中心、精干高效为手段"的企业文化。近年来，滨江集团不断提高社会的认可度、行业的影响力、业主的美誉度，现已成为集房地产开发销售、商业地产置业、酒店旅业三大产业板块为一体的大型集团公司。报告以2011年的财务报表为主，结合2010年的报表对企业的经营成果和财务状况进行分析。

一、财务比率计算分析

滨江集团2010/2011年度财务指标比率分析表

财务指标	计算公式	2010年	2011年
一、偿债能力指标			
(一)短期偿债能力			
1. 流动比率	流动资产/流动负债	1.56	1.50
2. 速动比率	速动资产/流动负债	0.83	0.30
3. 现金比率	(现金+现金等价物)/流动负债	0.21	0.05
(二)长期偿债能力			
1. 资产负债率	负债总额/资产总额	79.85	80.60
2. 产权比率	负债总额/所有者权益总额	3.96	4.15
3. 已获利息倍数	息税前利润/利息支出	14.58	12.43
二、营运能力指标			
1. 应收账款周转率	营业收入/应收账款平均余额	585.21	1060.56
2. 存货周转率	营业成本/存货平均余额	0.28	0.08
3. 流动资产周转率	营业收入/流动资产平均余额	0.26	0.12
4. 固定资产周转率	营业收入/固定资产平均余额	78.88	13.43
5. 总资产周转率	营业收入/平均资产总额	0.26	0.11

续表

财务指标	计算公式	2010年	2011年
三、盈利能力指标			
1. 销售毛利率	销售毛利/营业收入	36.50%	39.37%
2. 营业利润率	营业利润/营业收入	31.19%	29.49%
3. 销售净利率	净利润/营业收入	23.03%	21.96%
4. 资本金利润率	净利润/平均实收资本	105.94%	57.91%
5. 总资产净利率	净利润/平均资产总额	5.88%	2.43%

(一)偿债能力分析

1. 短期偿债能力分析：公司2011年与2010年相比，流动比率、速动比率、现金比率分别下降了0.06、0.53、0.16，说明企业的短期偿债能力有所下降。其中，企业的流动比率比上年同期下降了6%，反应企业的资产流动性有所下降，但从流动比率上能保守的反映出企业的资产流动性还是非常强的。速动比率下降了53%，且低于行业标准1，流动资产小于流动负债，说明企业有可能会遇到债务不能及时清偿的风险。同时，企业的速动比率小于1，意味着如果企业破产或者清算，必须依靠作价变卖存货才能偿付全部短期债务。现金比率下降了16%，2011年的现金比率更是低于了行业标准。综上可见，从短期偿债能力的变动或发展趋势看，呈现下降的趋势，即短期偿债能力有所下降。

2. 长期偿债能力分析：企业2011年与2010年相比资产负债率增加了0.75，均高于行业标准。一方面，资产负债率越高，节税收益就越大；另一方面，资产负债率过高，企业的财务风险随之增大，面临的破产风险也就越大。企业的产权比率11年比10年增加了0.19，说明企业的长期偿债能力有所下降，但从企业的产权比率可保守看出企业的长期偿债能力还是比较强的。从已获利息倍数上看，企业11年比10年下降了2.15，也就是说企业对到期债务偿还的保障程度在减弱，但该企业的已获利息倍数仍远远大于行业标准，说明该企业支付利息费用的能力强，企业到期债务偿还的保障度也高。总的来说，企业的长期偿债能力有所下降，但还是非常强的。

(二)营运能力分析

企业的应收账款周转率增加了475.35，说明企业及时收回了应收账款，增强了企业的短期偿债能力，也反映出企业管理应收账款方面的效率。从存货周转率、流动资产周转率、固定资产周转率、总资产周转率看，2011年与2010年相比均有所下降，这是由于房地产项目一般开发周期较长，从开工到交付使用一般需要跨几个会计年度。2011年公司结转收入的项目较少，故营业收入较去年大幅下降。随着土地成本的逐年提高，新项目投资规模越来越大，因此存货周转率和总资产周转率还是较低。从这些可以看出企业的营运能力有所下降。

(三)获利能力分析

2011年与2010年相比，销售毛利率增加了2.87%，但营业利润率、销售净利率、资本金利润率与总资产净利率分别降了1.7%、1.07%、48.03%、3.45%，其原因是净利润降低了。净利润的降低说明企业的获利能力降低，建议企业加速销售，回笼资金；加快融资；紧密跟进土地市场情况，择时择机理性进行土地储备；控制经营管理费，节省开支，以提高企业的获利能力。

二、财务报表质量分析

(一)资产负债表分析

1. 资产负债表结构分析

滨江集团2010/2011共同比资产负债表

项目	年份		结构百分比		
资产	2010年年末	2011年年末	2010年年末	2011年年末	差异
流动资产：					
货币资金	3 897 240 711.39	1 108 209 737.37	13.12%	3.18%	-9.94%
交易性金融资产					
应收票据					
应收利息					
应收股利					
应收账款	4 193 615.55	2 529 935.81	0.01%	0.01%	0.00%
其他应收款	1 111 322 455.26	761 068 565.44	3.74%	2.19%	-1.55%
预付账款	10 120 893 033.40	4 865 583 199.98	34.08%	13.40%	-20.68%
存货	13 341 125 794.51	26 651 336 770.59	44.92%	76.59%	31.67%
待摊费用					
一年内到期的非流动资产					
其他流动资产	100 000 000.00	24 277 398.00	0.34%	0.07%	-0.27%
流动资产合计	28 574 775 610.11	33 413 005 607.55	96.21%	96.02%	-0.19%
非流动资产：					
持有至到期投资	10 000 000.00	10 000 000.00	0.03%	0.03%	0.00%
长期股权投资					
长期债权投资					
投资性房地产	478 017 467.60	461 749 388.48	1.61%	1.33%	-0.28%
固定资产	75 536 874.75	455 602 478.93	0.25%	1.31%	1.06%
工程物资					

续表

项　目	年　份		结构百分比		
资产	2010 年年末	2011 年年末	2010 年年末	2011 年年末	差异
在建工程	179 074 187.25	2 099 303.79	0.60%	0.01%	－0.59%
固定资产清理					
无形资产	141 493 034.42	141 021 031.83	0.48%	0.41%	－0.07%
开发支出					
商誉	593 092.34	593 092.34	0.00%	0.00%	0.00%
长期待摊费用					
递延所得税资产	240 409 216.91	314 379 618.46	0.81%	0.90%	0.09%
其他非流动资产					
非流动资产合计	1 125 123 873.27	1 385 444 913.83	3.79%	3.98%	0.19%
资产总计	29 699 899 483.38	34 798 450 521.38	100.00%	100.00%	0.00%
流动负债：					
短期借款	200 000 000.00	620 000 000.00	0.67%	1.78%	1.11%
应付票据					
应付账款	439 899 983.77	443 405 256.71	1.48%	1.27%	－0.21%
预收账款	12 443 831 890.83	14 713 517 741.69	41.90%	42.28%	0.38%
应付职工薪酬	39 584 097.01	50 105 679.98	1.33%	0.14%	－1.19%
应付股利	9 815 034.88	12 566 085.24	0.03%	0.04%	0.01%
应交税费	114 054 182.13	－721 259 894.78	0.38%	－2.07%	－2.45%
应付利息	9 857 268.27	16 455 725.17	0.03%	0.05%	0.02%
其他应付款	4 516 978 598.33	5 697 615 653.48	15.21%	16.37%	1.16%
一年内到期的非流动负债	526 940 000.00	1 406 940 000.00	1.77%	4.04%	2.27%
其他流动负债					
流动负债合计	18 300 961 055.72	22 239 346 247.49	61.62%	63.91%	2.29%
非流动负债：					
长期借款	5 414 740 000.00	5 806 600 000.00	18.23%	16.69%	－1.54%
应付债券					
长期应付款					
专项应付款					
递延所得税负债					
其他非流动负债					

续表

项 目	年 份		结构百分比		
资产	2010年年末	2011年年末	2010年年末	2011年年末	差异
非流动负债合计	5 414 740 000.00	5 806 600 000.00	18.23%	16.69%	−1.54%
负债合计	23 715 701 055.72	28 045 946 247.49	79.85%	80.60%%	0.75%
所有者权益:					
实收资本	1 352 000 000.00	1 352 000 000.00	4.55%	3.89%	−0.66%
资本公积	745 862 763.53	666 986 195.58	2.51%	1.92%	−0.59%
减:库存股					
盈余公积	176 650 261.34	297 178 685.68	0.59%	0.85%	0.26%
未分配利润	2 027 022 209.88	2 595 841 115.94	6.83%	7.46%	0.63%
归属于母公司所有者权益合计	4 301 535 234.75	4 912 005 997.20	14.48%	14.12%	−0.36%
少数股东权益	1 682 663 192.91	1 840 498 276.69	5.67%	5.29%	−0.38%
所有者权益合计	5 984 198 427.66	6 752 504 273.89	20.15%	19.40%	−0.75%
负债和所有者权益总合	29 699 899 483.38	34 798 450 521.38	100.00%	100.00%	0.00%

从上表可以看出，企业流动资产占总资产的比率2011年与2010年分别为96.02%、96.21%，2011年与2010年相比降了0.19%，因为企业减少流动资产的持有，购置了新的固定资产。货币资金2011年与2010年分别占3.18%、13.12%，说明企业的资产流动性有所减弱。投资性房地产2011年与2010年分别为1.33%、1.61%，2011年与2010年相比降了0.28%，说明该企业对房地产的投资有所减弱。固定资产2011年比2010年增了380065604.18，绝对额增加的原因是固定资产购置增加。固定资产占总资产的比例增加，随之存货也有所增加。流动资产比例的减少，说明企业通过减少流动资产的比例来提高企业的对内和对外投资。

从融资结构上看，负债2011年与2010年分别为80.60%、79.85%，所有者权益2011年与2010年分别为19.40%、20.15%，2011年相对与2010年负债增了0.75%，所有者权益减了0.75%。融资结构中负债比例增加，主要原因是流动负债有所增加，由2010年的61.62%增长到2011年的63.91%，增长幅度为2.29%。流动负债的增加主要因预收账款和其他应付款的增长所致。而非流动负债下降了1.54%，主要由长期借款下降1.54%引起。负债的比例增加，导致企业所有人资金占总资金比例减少，资金比例减少，则所有者权益也随之减少。但总体来说，企业杠杆效益强。流动负债占权益总额的比例增多，企业的还债压力增大，财务风险增大。企业利用了更多的融资方式来减轻一次性支付巨额贷款的压力，能匹配收入支出，获取延迟纳税的好处，能优化企业财务报表，改善财务结构。

2. 资产负债表具体项目分析

滨江集团 2010 年/2011 年比较资产负债表

资　　产	2010 年年末	2011 年年末	增 加 额	增减速度
流动资产：				
货币资金	3 897 240 711.39	1 108 209 737.37	−2 789 030 974.02	−71.56%
交易性金融资产				
应收票据				
应收利息				
应收股利				
应收账款	4 193 615.55	2 529 935.81	−1 663 679.74	−39.67%
其他应收款	1 111 322 455.26	761 068 565.44	−350 253 889.82	−31.52%
预付账款	10 120 893 033.40	4 865 583 199.98	−5 255 309 833.42	−51.93%
存货	13 341 125 794.51	26 651 336 770.59	13 310 210 976.08	99.77%
待摊费用				
一年内到期的非流动资产				
其他流动资产	100 000 000.00	24 277 398.00	−75 722 602.00	−75.72%
流动资产合计	28 574 775 610.11	33 413 005 607.55	4 838 229 997.44	16.93%
非流动资产：				
持有至到期投资	10 000 000.00	10 000 000.00	0.00	0.00%
长期股权投资				
长期债权投资				
投资性房地产	478 017 467.60	461 749 388.48	−16 268 079.12	−3.40%
固定资产	75 536 874.75	455 602 478.93	380 065 604.18	503.15%
工程物资				
在建工程	179 074 187.25	2 099 303.79	−176 974 883.46	−98.83%
固定资产清理				
无形资产	141 493 034.42	141 021 031.83	−472 002.59	−0.33%
开发支出				
商誉	593 092.34	593 092.34	0.00	0.00%
长期待摊费用				
递延所得税资产	240 409 216.91	314 379 618.46	73 970 401.55	30.77%
其他非流动资产				
非流动资产合计	1 125 123 873.27	1 385 444 913.83	260 321 040.56	23.14%

续表

资　　产	2010年年末	2011年年末	增 加 额	增减速度
资产总计	29 699 899 483.38	34 798 450 521.38	5 098 551 038.00	17.17%
流动负债：				
短期借款	200 000 000.00	620 000 000.00	420 000 000.00	210.00%
应付票据				
应付账款	439 899 983.77	443 405 256.71	3 505 272.94	0.80%
预收账款	12 443 831 890.83	14 713 517 741.69	2 269 685 850.86	18.24%
应付职工薪酬	39 584 097.01	50 105 679.98	10 521 582.97	26.58%
应付股利	9 815 034.88	12 566 085.24	2 751 050.36	28.03%
应交税费	114 054 182.13	−721 259 894.78	−835 314 076.91	−732.38%
应付利息	9 857 268.27	16 455 725.17	6 598 456.90	66.94%
其他应付款	4 516 978 598.33	5 697 615 653.48	1 180 637 055.15	26.14%
一年内到期的非流动负债	526 940 000.00	1 406 940 000.00	880 000 000.00	167.00%
其他流动负债				
流动负债合计	18 300 961 055.72	22 239 346 247.49	3 938 385 191.77	21.52%
非流动负债：				
长期借款	5 414 740 000.00	5 806 600 000.00	391 860 000.00	7.24%
应付债券				
长期应付款				
专项应付款				
递延所得税负债				
其他非流动负债				
非流动负债合计	5 414 740 000.00	5 806 600 000.00	391 860 000.00	7.24%
负债合计	23 715 701 055.72	28 045 946 247.49	4 330 245 191.77	18.26%
所有者权益：				
实收资本	1 352 000 000.00	1 352 000 000.00	0.00	0.00%
资本公积	745 862 763.53	666 986 195.58	−78 876 567.95	−10.58%
减：库存股				
盈余公积	176 650 261.34	297 178 685.68	120 528 424.34	68.23%
未分配利润	2 027 022 209.88	2 595 841 115.94	568 818 906.06	28.06%
归属于母公司所有者权益合计	4 301 535 234.75	4 912 005 997.20	610 470 762.45	14.19%

续表

资　产	2010年年末	2011年年末	增加额	增减速度
少数股东权益	1 682 663 192.91	1 840 498 276.69	157 835 083.78	9.38%
所有者权益合计	5 984 198 427.66	6 752 504 273.89	768 305 846.23	12.84%
负债和所有者权益总合	29 699 899 483.38	34 798 450 521.38	5 098 551 038.00	17.17%

(1)资产总体分析

总资产增加是由于流动资产和非流动资产增加了。

①固定资产变化趋势分析

固定资产2011年比2010年增加了380 065 604.18，同比增长了503.15%。固定资产的增加提高了企业自身水平，为企业创造更高的效益。

②流动资产变化趋势分析

流动资产减少的主要原因是货币资金的减少，货币资金2011年与2010年相比减少了2 789 030 974.02，速度为71.56%，货币资金的大量减少主要是用于固定资产的购买。流动资产减少的另外一些原因是应收账款、预付账款和其他应收款的减少。综上表明公司经营能力有所减弱。

(2)权益总体分析

权益总额的变化主要是由负债和所有者权益的变动引起的。权益总额的增加主要是由于负债的增加，负债增加、所有者权益减少，风险也随之增加。

①所有者权益趋势分析

实收资本没有变化，企业原始资本的投入没有增长。资本公积减少了78 876 567.95，说明企业发展资金有所减少。未分配利润2011年与2010年相比增加了568 818 906.06，说明企业留存了大量的利润但没有分配。盈余公积2011年比2010年增加了120 528 424.34，说明企业的员工福利有所增加，也有可能与员工数量的增加有关。

②负债趋势分析

负债增加由于流动负债和非流动负债均有所增加，2011年与2010年相比分别增加了3 938 385 191.77、391 860 000.00。负债增加说明企业的财务杠杆效益增强，但风险也随之增加。

③流动负债趋势分析

流动负债的增加是因为短期借款、应付账款、预收账款、应付股利、应付利息、其他应付款、应付职工薪酬、一年内到期的非流动负债的增加，应付职工薪酬2011年与2010年相比增加了10 521 582.97，说明企业员工的数量有所增加。短期借款、应付账款、其他应付款、一年内到期的非流动负债，2011年与2010年相比分别增加了420 000 000.00、3 505 272.94、1 180 637 055.15、880 000 000.00，说明企业转变了融资的方式，通过利用更多的融资方式来减轻一次性偿还巨额贷款的压力；能匹配收入支出，延迟纳税；能优化企业财务报表，改善财务结构。但是企业的流动负债过多，也给企业带来了一定的坏处，持续增长的负债最终会导致财务危机成本增加。负债给企业增加了压力，因为本金和利息的支付是企业必须承担的合同义务。如果企业无法偿还，则会面临财务危机，而财务危机会增加企业的费用，减少企业所创造的现金流量。

④非流动负债趋势分析

企业的非流动负债主要是指长期借款，长期借款2011年与2010年相比增加了391 860 000.00。长期债务的偿债压力小，可以节约资金成本；但长期借款相对于短期债务来说比较难融资，且长期借款的增加也使负债增加，风险也随之增加。

(二)利润表分析

滨江集团2010/2011比较利润表

项　　目	2010年	2011年	增减额	增减速度
一、营业收入	6 218 083 386.36	3 565 366 603.92	−2 652 716 782.44	−42.66%
减：营业成本	3 430 763 801.01	1 591 425 017.99	−1 839 338 783.02	−53.61%
营业税金及附加	517 856 082.96	570 199 519.37	52 343 436.41	10.11%
销售费用	49 173 657.65	69 526 387.98	20 352 730.33	41.39%
管理费用	140 682 972.87	203 279 961.06	62 596 988.19	44.50%
财务费用	143 102 193.92	92 222 392.46	−50 879 801.46	−35.55%
资产减值损失	−2 727 995.67	−8 456 408.66	−5 728 412.99	209.99%
加：投资收益	274 395.19	4 084 442.05	3 810 046.86	1388.53%
二、营业利润	1 939 507 068.81	1 051 254 175.77	−888 252 893.04	−45.80%
加：营业外收入	21 118 701.04	13 428 640.94	−7 690 060.10	−36.41%
减：营业外支出	17 763 528.21	11 011 273.14	−6 752 255.07	−38.01%
其中：非流动资产处置损失	179 867.14	108 658.49	−71 208.65	−39.59%
三、利润总额	1 942 862 241.64	1 053 671 543.57	−889 190 698.07	−45.77%
减：所得税费用	510 571 482.97	270 779 405.84	−239 792 077.13	−46.97%
四、净利润	1 432 290 758.67	782 892 137.73	−649 398 620.94	−45.34%
归属于母公司所有者的净利润	966 205 599.82	783 987 330.40	−182 218 269.42	−18.86%
少数股东权益	466 085 198.85	−1 095 192.67	−467 180 391.52	−100.23%

分析上表发现，企业2011年与2010年相比营业收入与营业成本都有所下降。营业收入2011年与2010年相比减少了2 652 716 782.44，速度为42.66%，营业成本减少了1 839 338 783.02，速度为53.61%，说明企业的经营能力减弱。一部分原因可能是政府对房地产宏观调控所带来的利润减少。另外，企业2011年的管理费用有所增

长，2011 年与 2010 年相比增长了62 596 988.19，涨幅 44.50%，2011 年的销售费用与 2010 年相比增长了20 352 730.33，涨幅 41.39%，企业应该合理控制经营管理费用，节省开支。财务费用的减少是因为企业银行存款的减少，银行存款增加导致企业的利息收入减少。所得税项目发生了较大幅度的下降，2011 年与 2010 年相比减少了239 792 077.13，幅度高达 45.34%，这里可能存在特殊的信号，对未来企业的财务成果会有深刻影响，应引起警惕。营业利润 2011 年与 2010 年相比减少了888 252 893.04，营业外收入与营业外支出都大幅度下降，这是导致营业利润下降的主要原因。营业利润减少导致利润总额减少，实现营业利润总额1 053 671 543.57，比上年同期下降 45.77%，导致净利润减少649 398 620.94，比上年同期减少 45.34%。营业利润减少的主要原因是营业收入下降，企业费用增加。企业管理者应该加快销售，加强融资，加强成本费用的控制，使企业获得更大的收益。

三、综合分析

综合上述从各个方面作出的具体分析，对公司的财务状况、经营成果有了不同层次地了解，下面采用杜邦分析法对公司的经济效益作一个完整、系统的分析。

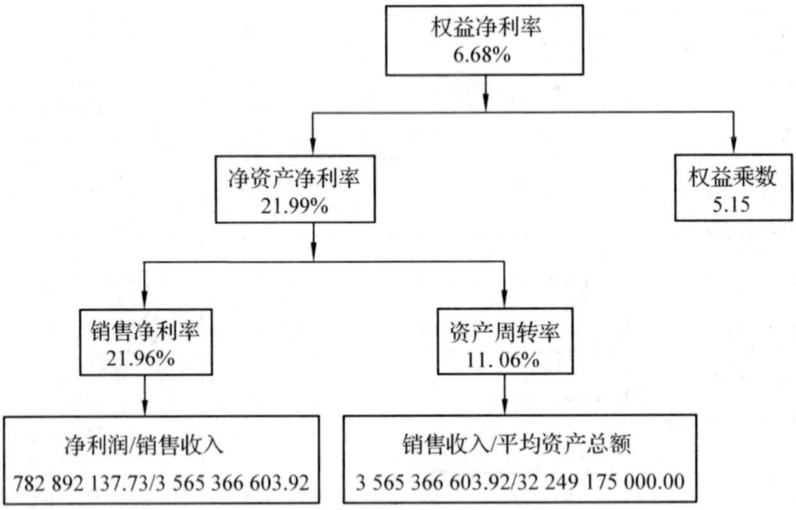

杜邦分析图

根据上述分析可以发现如下几个问题：

1. 企业 2010 年权益净利率为 1.13%，它反映的是企业所有者投入资本的获利能力，指标数据说明企业筹资、投资、资产营运等各项财务及管理活动的效率较低，企业要提高权益净利率才能使企业的价值最大化。

2. 净资产净利率为 21.99%，权益乘数为 5.15，从行业角度看，企业的权益乘数不低。负债比率越大，权益乘数就越高，说明企业负债较多，给企业带来了较多的杠杆效益的同时，也带来了较多的风险。企业的销售收入较高，说明企业的资产使用较为合理。

3. 企业 2010 年的销售净利率为 21.96%，2011 年相对于 2010 年有所减弱。一部分原因可能是政府宏观调控房地产所致。要提高销售净利率有两种方法：一是要加快销售，回笼资金，加快融资；二是要紧密跟进土地市场情况，择时择机理性进行土地储备，合理控制经营管理费用，节省开支。说明企业想要提高销售净利率，必须降低企业的成本费用。

4. 企业2011年资产周转率为11.06%，结合企业的资产负债表分析可知，企业的货币资金较2010年有所增加，企业可以增强货币资金的运用。

四、存在的问题及建议

1. 企业所处房地产行业与国民经济的联系极为密切，受到国家宏观调控政策影响较大。企业要顶住压力，加快销售，加强融资。

2. 企业的费用偏高，特别是企业的管理费用，管理费用增长导致企业的销售净利率降低。建议企业管理者应注意企业费用的控制。

3. 企业的货币资金较多，建议企业在保证货币资金足够用于经营的情况下，可将多余的货币资金用于长期投资，如购买固定资产、股票、债券等。一方面固定资产可以抵税；另一方面可以提高企业的收益。

4. 企业的流动负债过多，还债压力很大，投资者获利虽然多，但是财务风险比较大。建议企业合理的负债：①确定企业合理的负债规模；②确定企业适度的负债结构；③加强企业经营管理，提高资金利用率；④树立风险意识，建立健全企业的财务风险管理机制。

5. 整体来讲，企业对财务杠杆的应用还不错。从谨慎原则来说，企业的负债程度过高，财务风险程度也相应增大，在利用财务杠杆效应时，企业经营者应充分估计预期利润和增加的风险。财务杠杆效应是把双刃剑，具有正反两方面的作用。

综上，公司发展较稳定，业绩也处于稳步增长当中。管理者态度谨慎，公司具有较强的实力。

×××

××年××月××日

范文二：

浙江鑫鑫家居用品有限公司2012年度财务分析报告

主送：总经理

引　言

浙江鑫鑫家居用品有限公司为实业型民营企业，是生产茶具、咖啡器具、玻璃器皿的专业生产厂家。主导产品有不锈钢冲茶器、不锈钢和纯玻璃茶壶、咖啡壶、咖啡杯、茶具套件、胡椒磨、咖啡磨等。鑫鑫创办于1994年，建筑面积30 000平方米，日产量一万多件，现有员工200多人。公司于2003年通过ISO 9001：2000国际质量管理体系认证，2009年又通过ISO 9001：2008换版认证。“让每一个员工学会站在客户的角度思考问题”，经过多年的创新与发展，鑫鑫现已成为家用器皿制造行业的龙头企业。在服务上，加强了外贸团队的打造，采用严格的生产管理制度和质量控制系统，并建立了一支专业的QC团队。王鑫森总经理认为国外的买家最注重的还是服务，没有好的服务就不能建立长期的合作，只有你为客户着想了，才能得到他的信任。在关注服务的同时，鑫鑫还非常注重产品的研发与创新，仅仅是最新的几项产品就获得了20多项专利。从2012年的财务报表来看，公司仍然存在一些问题，下面以2012年的报表为主，结合2011年与2010年的报表对企业的经营成果和财务状况进行分析。

一、财务比率计算分析

浙江鑫鑫2011/2012年度财务指标比率分析表

财　务　指　标	计　算　公　式	2011年	2012年
一、偿债能力指标			
(一)短期偿债能力			
1. 流动比率	流动资产/流动负债	1.13	1.14
2. 速动比率	速动资产/流动负债	0.83	0.85
3. 现金比率	货币资金＋交易性金融资产/流动负债	0.43	0.48
(二)长期偿债能力			
1. 资产负债率	负债总额/资产总额	0.47	0.51
2. 产权比率	负债总额/所有者权益总额	0.89	1.05
3. 已获利息倍数	息税前利润/利息支出	2.88	2.69
二、营运能力指标			
1. 应收账款周转率	营业收入/应收账款平均余额	8.11	7.92
2. 存货周转率	营业成本/存货平均余额	4.92	5.48
3. 流动资产周转率	营业收入/流动资产平均余额	1.49	1.45

续表

财 务 指 标	计 算 公 式	2011 年	2012 年
4. 固定资产周转率	营业收入/固定资产平均余额	2.49	2.49
5. 总资产周转率	营业收入/平均资产总额	0.87	0.81
三、盈利能力指标			
1. 销售毛利率	销售毛利/营业收入	20.38%	16.44%
2. 营业利润率	营业利润/营业收入	8.17%	6.58%
3. 销售净利率	净利润/营业收入	7.50%	5.96%
4. 资本金利润率	净利润/平均实收资本	110.57%	101.82%
5. 总资产净利率	净利润/平均资产总额	6.51%	4.84%

(一)偿债能力分析

1. 短期偿债能力分析

公司 2012 年与 2011 年相比流动比率、速动比率、现金比率分别上升了 0.01%、0.02%、0.05%。其主要原因是企业流动资产 2012 年与 2011 年相比增加了 16 623 634.11，流动负债 2012 年与 2011 年相比增加了 14 157 806.74，存货增加了 2 287 193.17，说明该企业的短期偿债能力有所提升。企业的流动比率与速动比率均接近于行业标准 1，说明企业的短期偿债能力较强，且 2011 年、2012 年的流动资产均大于流动负债，说明企业有不会遇到债务不能及时清偿的风险。同时，企业的速动比率小于 1，意味着如果企业破产或者清算，必须依靠作价变卖存货才能偿付全部短期债务。但是从现金比率上看，2011 年与 2012 年均大于行业标准 20%，由于现金比率能保守的反映企业的偿债能力，所以，企业偿还短期债务的能力还是非常强的。

2. 长期偿债能力分析

企业 2012 年与 2011 年相比资产负债率提升了 0.04，且均高于行业标准 50%。资产负债率越高，节税收益就越大。但是，资产负债率过高，企业的财务风险随之增大，面临破产的风险也就越大。企业的产权比率 2012 年比 2011 年提高了 0.16，说明企业的长期偿债能力有所减弱。但从企业 2012 年的产权比率可以看出，1.05 的产权比率非常接近行业标准 1，说明该企业的长期偿债能力强，债权人承担的风险小。从已获利息倍数上看，企业 2012 年比 2011 年减少了 0.19，但企业 2012 年 2.69 的已获利息倍数说明企业支付利息费用的能力依然较强，企业对到期债务偿还的保障能力高。总的来说，企业的长期偿债能力还是非常强的。

(二)营运能力分析

分析企业的应收账款周转率、存货周转率、流动资产周转率、固定资产周转率、总资产周转率，2012 年与 2011 年相比均有所下降，且变动都比较小。其中，应收账款周转率 2012 年虽较 2011 年的数据相比有所降低，但是均在行业标准内。也说明了

2012年较2011年相比，应收账款收回效率有所减慢，但从数据上说明企业的收现能力还是比较强的，反映出企业在管理应收账款方面还是比较有效率。另外，存货周转率提高了0.56，存货周转率越快，存货占用水平越低，流动性越强，存货转换为现金和应收账款的速度就越快，存货周转率的提高反映了企业资产变现能力的增强。企业2012年总资产周转率与流动资产周转率较2011年基本没有变化，说明虽然其他流动资产的流动性减弱，但存货和应收账款的流动性增强了。从这些指标可以看出企业的管理水平较高，营运能力较强，相应的偿债能力与获利能力也较高。

(三)获利能力分析

2012年与2011年相比销售毛利率、营业利润率、销售净利率、资本金利润率与总资产净利率分别降了3.94%、1.59%、1.53%、8.76%、1.67%，其原因是净利润的降低。净利润的降低说明企业的获利能力降低。建议企业提高销售额，降低经营风险，提高企业的获利能力。

二、财务报表质量分析

(一)资产负债表分析

1. 资产负债表结构分析

浙江鑫鑫2011/2012年共同比资产负债表

项　　目	金　额份		结构百分比		
资产	2011年年末	2012年年末	2011年年末	2012年年末	差异
流动资产：					
货币资金	20 629 076.52	29 689 596.51	20.34%	24.55%	4.21%
交易性金融资产					
应收票据	1 550 000.00	3 800 000.00	1.53%	3.14%	1.61%
应收利息					
应收股利					
应收账款	10 738 234.54	12 035 116.22	10.59%	9.95%	−0.64%
其他应收款	6 691 193.02	7 156 680.60	6.60%	5.92%	−0.68%
预付账款	1 910 737.31	3 174 289.00	1.88%	2.62%	0.74%
存货	12 531 174.72	14 818 367.89	12.36%	12.25%	−0.10%
待摊费用					
其他流动资产					
流动资产合计	54 050 416.11	70 674 050.22	53.30%	58.43%	5.14%
长期投资：					
长期股权投资					

续表

项　　目	年　份		结构百分比		
资产	2011 年年末	2012 年年末	2011 年年末	2012 年年末	差异
长期债权投资					
长期投资合计					
固定资产：					
固定资产原价	26 836 959.12	27 707 211.75	26.46%	22.91%	−3.55%
减：累计折旧	5 673 204.86	6 171 940.22	5.59%	5.10%	−0.49%
固定资产净值	21 163 754.26	21 535 271.53	20.87%	17.81%	−3.06%
减：固定资产减值准备					
固定资产净值					
工程物资					
在建工程	13 541 688.84	16 080 245.72	13.35%	13.30%	−0.06%
固定资产清理					
固定资产合计	34 705 443.10	37 615 517.25	34.22%	31.10%	−3.12%
无形资产及其他资产：					
无形资产	12 660 000.00	12 660 000.00	12.48%	10.47%	−2.02%
长期待摊费用					
其他长期资产					
无形资产及其他资产合计	12 660 000.00	12 660 000.00	12.48%	10.47%	−2.02%
资产合计	101 415 859.21	120 949 567.47	100.00%	100.00%	0.00%
流动负债：					
短期借款	29 200 000.00	39 740 620.00	28.79%	32.86%	4.06%
应付票据	18 539 300.00	17 310 000.00	18.28%	14.31%	−3.97%
应付账款	130 737.31	112 590.90	0.13%	0.09%	−0.04%
预收账款					
应付工资					
应付福利费					
应付股利					
应交税金	−240 571.78	−335 920.40	−0.24%	−0.28%	−0.04%
其他应交款	45 226.72	35 208.49	0.04%	0.03%	−0.02%

续表

项　目	年　份		结构百分比		
资产	2011年年末	2012年年末	2011年年末	2012年年末	差异
其他应付款		4 970 000.00	0.00%	4.11%	4.11%
预提费用					
预计负债					
流动负债合计	47 674 692.25	61 832 498.99	47.01%	51.12%	4.11%
长期负债：					
长期借款					
应付债券					
长期应付款					
专项应付款					
长期负债合计					
负债合计	47 674 692.25	61 832 498.99	47.01%	51.12%	4.11%
所有者权益：					
实收资本	5 280 000.00	5 280 000.00	5.21%	4.37%	−0.84%
资本公积	16 216 558.37	16 216 558.37	15.99%	13.41%	−2.58%
盈余公积	3 163 870.36	3 163 870.36	3.12%	2.62%	−0.50%
其中：法定公益金					
未分配利润	29 080 738.23	34 456 639.75	28.67%	28.49%	−0.19%
所有者权益合计	53 741 166.96	59 117 068.48	52.99%	48.88%	−4.11%
负债和所有者权益总合	101 415 859.21	120 949 567.47	100.00%	100.00%	0.00%

从资产结构上看，企业流动资产占总资产的比率，2011年与2012年分别为53.30%、58.43%，2012年与2011年相比增加了5.14%。可以看出企业增加了流动资产的持有，可能是出售、折旧或者是报废了一批固定资产。从固定资产的数据上看出，企业对生产能力的重视程度不高。货币资金2011年与2012年分别为20.34%、24.55%，说明企业的资产流动性不强。固定资产2012年比2011年增加了2 910 074.15，占总资产的比例却较2011年有所减少，绝对额增加的原因是固定资产购置增加。公司2012年与2011年相比并未增加无形资产的数额，但是占总资产的比例减少了2.02%。无形资产比重是指商誉和其他无形资产在总资产中所占的比例，一旦这个比重超过20%，便应引起管理者的警惕，尤其是某项或某些产生商誉的收购报价过高。目前无形资产在鑫鑫公司总资产所占的比重为10.47%，低于20%的警戒线，表明鑫鑫保有强劲增长的能力。

从融资结构上看，负债2011年与2012年分别占总资产的47.01%与51.12%，所有者权益2011年与2012年分别占总资产的52.99%与48.88%，2012年相对于2011年负债增加了4.11%，所有者权益减少了4.11%，说明企业财务杠杆效益增强。所有者权益减少的主要原因是企业资本公积的减少，资本公积的减少说明了企业可以自主使用的资金增加了，减少了其他方式的融资。负债增加的原因是流动负债的增加。2010年增加了短期负债融资，且流动负债占权益总额的比例较大，流动负债多，企业的还债压力很大，投资者获利虽然多，但是财务风险比较大。流动负债中占比最大的短期借款，企业2012年与2011年相比增加了4.06%。企业利用了更多的融资方式来减轻一次性偿还巨额贷款的压力。能匹配收入支出，获取延迟纳税的好处。能优化企业财务报表，改善财务结构。

2. 资产负债表具体项目分析

浙江鑫鑫2011/2012年比较资产负债表

资　产	2011年年末	2012年年末	增加额	增减速度
流动资产：				
货币资金	20 629 076.52	29 689 596.51	9 060 519.99	43.92%
交易性金融资产				
应收票据	1 550 000.00	3 800 000.00	2 250 000.00	145.16%
应收利息				
应收股利				
应收账款	10 738 234.54	12 035 116.22	1 296 881.68	12.08%
其他应收款	6 691 193.02	7 156 680.60	465 487.58	6.96%
预付账款	1 910 737.31	3 174 289.00	1 263 551.69	66.13%
存货	12 531 174.72	14 818 367.89	2 287 193.17	18.25%
待摊费用				
其他流动资产				
流动资产合计	54 050 416.11	70 674 050.22	16 623 634.11	30.76%
长期投资：				
长期股权投资				
长期债权投资				

续表

资　　产	2011年年末	2012年年末	增加额	增减速度
长期投资合计				
固定资产：				
固定资产原价	26 836 959.12	27 707 211.75	870 252.63	3.24%
减：累计折旧	5 673 204.86	6 171 940.22	498 735.36	8.79%
固定资产净值	21 163 754.26	21 535 271.53	371 517.27	1.76%
减：固定资产减值准备				
固定资产净值				
工程物资				
在建工程	13 541 688.84	16 080 245.72	2 538 556.88	18.75%
固定资产清理				
固定资产合计	34 705 443.10	37 615 517.25	2 910 074.15	8.39%
无形资产及其他资产：				
无形资产	12 660 000.00	12 660 000.00	—	0.00%
长期待摊费用				
其他长期资产				
无形资产及其他资产合计	12 660 000.00	12 660 000.00	—	0.00%
资产合计	101 415 859.21	120 949 567.47	19 533 708.26	19.26%
流动负债：				
短期借款	29 200 000.00	39 740 620.00	10 540 620.00	36.10%
应付票据	18 539 300.00	17 310 000.00	−1 229 300.00	−6.63%
应付账款	130 737.31	112 590.90	−18 146.41	−13.88%
预收账款				
应付工资				
应付福利费				
应付股利				
应交税金	−240 571.78	−335 920.40	−95 348.62	−39.63%
其他应交款	45 226.72	35 208.49	−10 018.23	−22.15%
其他应付款		4 970 000.00	4 970 000.00	

续表

资　　产	2011年年末	2012年年末	增加额	增减速度
预提费用				
预计负债				
流动负债合计	47 674 692.25	61 832 498.99	14 157 806.74	29.70%
长期负债：				
长期借款				
应付债券				
长期应付款				
专项应付款				
长期负债合计				
负债合计	47 674 692.25	61 832 498.99	14 157 806.74	29.70%
所有者权益：				
实收资本	5 280 000.00	5 280 000.00	—	0.00%
资本公积	16 216 558.37	16 216 558.37	—	0.00%
盈余公积	3 163 870.36	3 163 870.36	—	0.00%
其中：法定公益金				
未分配利润	29 080 738.23	34 456 639.75	5 375 901.52	18.49%
所有者权益合计	53 741 166.96	59 117 068.48	5 375 901.52	10.00%
负债和所有者权益总计	101 415 859.21	120 949 567.47	19 533 708.26	19.26%

(1)总资产总体分析

总资产增加是由于流动资产和固定资产均有所增加。

①固定资产变化趋势分析

固定资产2012年比2011年增加了2 910 074.15，同比增长8.39%。固定资产的增加提高了企业自身的水平，为企业创造更高的效益。

②流动资产变化趋势分析

流动资产增加的主要原因是货币资金的增加，货币资金2012年与2011年相比增加了9 060 519.99，同比增长了43.92%，货币资金的大幅度增长主要是短期借款的增加所致。流动资产增加的另外一些原因是应收票据、预付账款和存货的增加。应收票据的大量增加说明企业的信用政策不是很好，有可能会增加坏账的产生。2012年预付账款的增加，说明订购的原料、辅料等增加，也说明订单多而备料增加，或预防年底的物料涨价，减少成本。存货结转(领用)多了，利润减少；存货结转(领用)少了，利润增加。存货大幅增加，短期借款增加，固定资产也增加，说明公司正在在扩大生产和投资。

③长期股权投资变化趋势分析

公司没有长期股权投资。

(2)权益总体分析

权益总额的变化主要是由负债和所有者权益的变动引起的。权益总额的增加主要是由负债较大幅度增加所引起的，负债的增加，对企业来说，会减少资本金成本，财务杠杆效益增加。

①所有者权益趋势分析

实收资本、资本公积、盈余公积都没有变化，企业原始资本的投入和发展资金都没有增长，未分配利润 2012 年与 2011 年相比增加了 5 375 901.52，同比增长了 18.49%，说明企业留存了大量的利润没有分配。

②负债趋势分析

负债增加的原因是流动负债的增加，2012 年与 2011 年相比增加了14 157 806.74。流动负债增加，到期偿债压力增强。非流动负债变化不大。

③流动负债趋势分析

流动负债的增加主要是由于短期借款的增加，2012 年与 2011 年相比增加了 10 540 620.00，在短期借款增加的同时，应付票据和应付账款同时减少。说明企业转变了融资方式，利用了更多的融资方式来减轻一次性偿还巨额贷款的压力。能匹配收入支出，获取延迟纳税。能优化企业财务报表，改善财务结构。但是企业的流动负债过多，也给企业带来了一定的坏处，持续增长的负债最终会导致财务危机成本增加。负债给企业增加了压力，因为本金和利息的支付是企业必须承担的合同义务。如果企业无法偿还，则会面临财务危机，而财务危机会增加企业的费用，减少企业所创造的现金流量。

④非流动负债趋势分析

企业没有非流动负债，长期债务相对于短期债务来说比较难融资，当是长期债务的偿债压力小，可以节约资金成本，建议企业考虑增加长期债务。

(二)利润表分析

浙江鑫鑫 2011/2012 年比较利润表

项　　目	2011 年	2012 年	增减额	增减速度
一、主营业务收入	77 866 085	90 148 089	12 282 004	15.77%
减：主营业务成本	61 695 538	74 932 024	13 236 486	21.45%
主营业务税金及附加	299 066	395 515	96 449	32.25%
二、主营业务利润	15 871 481	14 820 550	−1 050 931	−6.62%

续表

项　　目	2011年	2012年	增减额	增减速度
加：其他业务利润			—	
减：管理费用	3 077 555	2 752 133	−325 423	−10.57%
财务费用	3 360 310	3 444 817	84 507	2.51%
销售费用	3 071 476	2 695 002	−376 474	−12.26%
三、营业利润	6 362 140	5 928 598	−433 541	−6.81%
加：投资收益			—	
补贴收入			—	
营业外收入			—	
减：营业外支出	38 741	93 196	54 455	140.56%
加：以前年度损益调整			—	
四、利润总额	6 323 399	5 835 402	−487 996	−7.72%
减：所得税	485 127	459 501	−25 626	−5.28%
五、净利润	5 838 272	5 375 902	−462 370	−7.92%

净利润的趋势变动主要受到利润总额和所得税费用的影响。公司净利润的减少主要受利润总额减少的影响。所得税费用2012年较2011年减少了5.28%，说明企业通过一定的税收筹划使所得税率有所降低，且所得税没有与利润总额同比减少，而是小于利润总额的减少速度。利润减少的同时带动了税收的减少，对企业来说虽然利润总额2012年较之2011年是减少的，但是所得税费用的减少也是有利的现象。

利润总额的减少主要受营业利润和营业外收支的影响。通过报表可以看出导致公司利润总额减少的主要原因是营业利润的减少。营业外支出虽然有140.56%的增幅，但是2011年的基数较小，所以并未对利润总额的变动造成显著的影响。企业无营业外收入，利润来源主要是与经营活动相关的业务，而非营业外收入这种与其生产经营无直接关系的各项收入，说明企业处于正常生产经营状态中。

营业利润的减少，主要原因是企业主营业务成本增加的速度大于营业收入增加的收入。从数据中可以得出，虽然企业实现了营业收入的增加及费用的减少，但是营业成本的大幅度增加，还是导致了营业利润的减少。因此，企业必须通过节约成本费用来达到增加营业利润的目的。

期末营业收入增加是受到了国际经济环境的影响，外销产品增加了，从而增加了收入。然而，营业成本的增加速度却比营业收入快，说明企业处在良好的经济背景之下，但成本管理水平有待提高。

三项期间费用中可以看出，销售费用和管理费用是减少的，财务费用增加的主要原因，在于期末支付了大量的利息费用。

三、综合分析

通过对各个方面作出具体分析，对公司的财务状况、经营成果有了不同层次的了解，下面用杜邦分析法对公司的经济效益作一个完整、系统的分析。

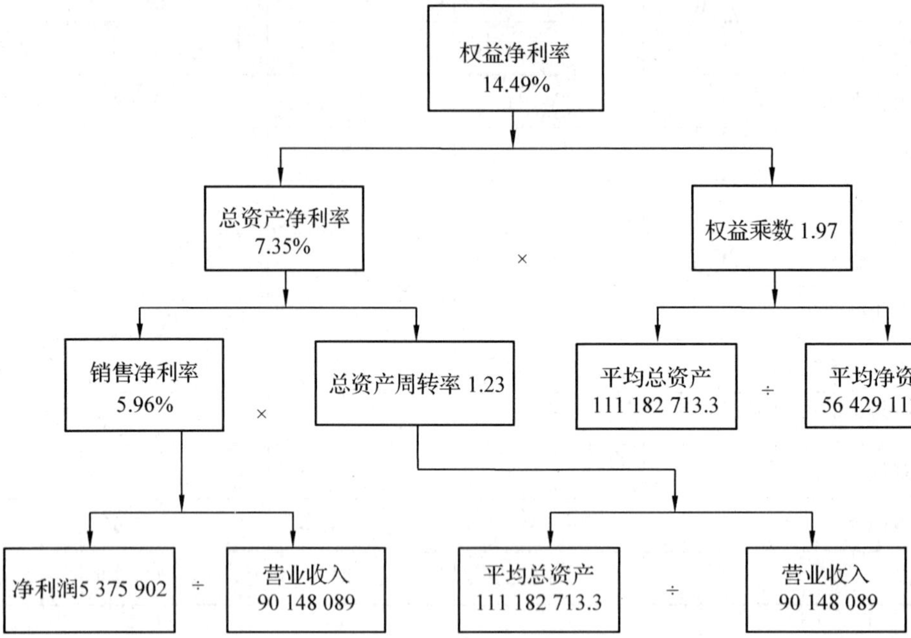

杜邦分析基本结构图

根据图表分析可以发现如下几个问题：

1. 企业2012年权益净利率为14.49%，远远高出制造业5%的平均水平。它反映的是企业所有者投入资本的获利能力，说明企业筹资、投资、资产营运等各项财务及管理活动的效率在同行业中属于较高水平。

2. 权益乘数反映企业的负债程度，及公司利用财务杠杆进行经营活动的程度。资产负债率高，权益乘数就大，公司负债程度高，就会有较多的杠杆利益，但风险也高；反之，资产负债率低，权益乘数就小，公司负债程度低，就会有较少的杠杆利益，但相应所承担的风险也低。公司2012年的权益乘数为1.97，说明公司所承担的风险小，也反映出公司的杠杆效益较低。

3. 资产净利率是影响权益净利率的最重要的指标，具有很强的综合性，而资产净利率又取决于销售净利率和总资产周转率。总资产周转率反映的是总资产的周转速度，企业2012年总资产周转率为1.23，结合企业的资产负债表分析可知，企业的货币资金占总资产的比率过高，影响了企业的营运能力，企业应加强货币资金的运用。

4. 销售净利率反映了企业利润总额与销售收入的关系，从这个意义上看，提高销售净利率是提高企业盈利能力的关键所在。5.96%的销售净利率和企业2012年增长的销售收入有关，但是从数据上来看，企业还有很大的提升空间。

四、存在问题及建议

1. 从企业的资产负债表可以看出，企业并没有长期负债，在能力许可下应考虑增加一定量的长期负债进行融资，长期负债可以抵扣所得税，对于发展中有潜力的企业，长期负债可一定程度降低融资成本，使投资者获得更高收益。

2. 企业的货币资金较多，建议企业在保证货币资金足够用于经营的情况下，可将多余的货币资金用于长期投资，如购买固定资产、股票、债券等，一方面固定资产可以抵税，另一方面可以提高企业的收益。

3. 2012年公司的销售净利率是5.96%，与同行业相比较该利润率指标并不是很高，要想提高销售净利率，一是扩大销售收入，二是降低成本费用。其中，降低各项成本费用开支是企业财务管理的一项重要内容，通过各项成本费用开支的列示，有利于企业进行成本费用的结构分析，加强成本控制，为寻求降低成本费用的途径提供依据。

4. 整体来讲，企业对财务杠杆的应用还不错。从谨慎原则来说，该企业的负债程度过高，财务风险较大，在利用财务杠杆效应时，企业经营者应充分估计预期利润和增加的风险，盲目增加债务只会带来更多风险。

5. 综上，公司发展较稳定，业绩也处于增长当中。管理者态度谨慎，公司具有一定潜力。

××

××年××月××日

附件

教师用书指南

1. 财务分析课程整体设计
2. 财务分析课程单元设计
3. 财务分析课程实训项目

附件1 财务分析课程整体设计

一、教学内容重组设计

在具体教学内容设计过程中，结合高职教育的特色，本着“理论够用，重在实务操作”的原则，对课程进行整体设计。减少理论部分，增加实践教学，理论课与实践课比例接近1∶1。课程教学以项目为导向，围绕报表分析，以提供有用决策依据为目的，凝练了五项大型教学项目和实训项目，形成了一整套较为成熟的项目教学多媒体课件。

二、教学内容重组特色

在具体实施过程中，突出本教材课程设计的特色：

(一)将项目教学法引入专业核心课程的教学系统，形成了一套适合高职学生使用的教学方法。通过项目任务的设置和项目完成的评价，全面培养学生分析问题、解决问题、自主学习、沟通表达和团队合作的能力，改变了财务管理难教、难学的现状。

(二)项目教学法在财务分析教学中全面展开，形成了一整套财务分析项目教学思路，完善了项目教学的过程管理，构建实践教学体系，有效地提高实践教学效果。

(三)结合项目教学经验，逐步形成一整套财务分析项目教学多媒体课件，并应用于1 700名学生的财务分析教学中，教学效果良好，得到一致好评。

(四)公开财务分析课程项目教学经验，参与项目教学示范公开课，举行项目教学在各专业课程中应用的专题讲课比赛，编制项目教学优秀教案，有力地推动了财务分析课程建设。

三、编写实训大纲和实训指导书

根据项目教学要求，充分体现高等职业教育教学的特色，实现职业能力提高和职业素质养成的目标，组织行业企业专家和骨干教师共同编写了实训大纲和实训指导书。以便学生将基础知识与实务操作紧密联系起来，培养学生学习兴趣。

在编制实训大纲时，我们还遵循“模块实训与综合实训相结合”的原则。模块实训侧重培养学生单项财务管理知识的应用；综合实训以全面财务管理应用为重点，系统化、全过程化，有利于培养学生驾驭企业整体财务工作的能力。

四、“双项目并行，多任务串行”的教学方法

（一）“双项目并行”教学方法

“双项目并行”教学方法是指在教学过程中由教师演示完成一个项目（指导），学生以此为基础独立完成一个项目。比如，在专题教学中，为出具一份投资项目财务分析报告，课堂上教师在模拟某企业财务分析的全过程的同时，要求学生自行分组，以教师提供的另外一份报表为原始资料，编写工作计划，并通过企业调查，为企业出具财务分析报告。

（二）“多任务串行”教学方法

“多任务串行”教学方法是指针对某个重要的工作任务，充分考虑学生的接受能力，遵循从简单到复杂的顺序安排任务，过程中应注意还原经济生活多样化的现状，提高学生解决问题的能力。比如，锻炼学生熟练运财务比率分析法对企业报表进行分析评价，习题的选择应遵循由简单到复杂的逻辑顺序。

五、专业知识覆盖面

（一）服务专业群

本课程的理念是在财务管理的引领之下也能帮助其他课程，起到示范作用。

（二）服务企业

为民营中小企业设计内部控制系统及财务分析报告提供指导。

（三）服务就业

财务分析实训教学与毕业综合实践环节成功挂钩，为高职财会专业毕业综合实践环节改革提供有益借鉴。

财务分析是企业财务部门的一项日常管理活动，出具一份年度财务分析报告是一项综合性强、技术含量高的重要工作。财务分析是会计专业学生必须掌握的重要专业知识和基本技能。在毕业综合实践环节中，我们要求学生通过实习，在了解实习单位生产经营基本情况的基础上，对实习单位的年度报表及相关资料进行分析，根据要求出具一份有效的年度财务分析报告。将财务管理、财务分析的实训教学与毕业环节挂钩，有力地调动了学生学习的积极性，并使得毕业环节和职业技能的培养紧密结合，体现了专业教学的特色。

六、校内外实训基地建设

(一)引企入校，开辟生产性实训新模式

2010年3月，我校财务与会计学院引进校内生产性实训基地——杭州华诺财务咨询有限公司，成立“杭州华诺财务咨询公司长征分公司”，为财务管理课程相关岗位的见习和顶岗实习提供了较好的保障。

财务与会计学院的会计专业、财务管理专业、会计电算化专业和会计与统计专业师生先后在“杭州华诺财务咨询公司长征分公司”参加相关岗位的见习、真账实训和顶岗实习。课程组教师通过在华诺指导学生实习，锻炼实践能力的同时也为课程建设收集了部分浙江民营中小企业的财务信息资料，丰富了相关教学案例，有利于开发校企合作教材。

(二)校内实训基地

充分运用“省级示范性实训基地——财务与会计实训基地”开展实践教学，营造本课程职业氛围，加强专业实训教学，培养学生财务管理职业技能。我们努力模拟现实公司的财务环境，配备手工模拟实训室、财务管理实训室、企业资源规划实训室和模拟行政中心，为财务分析课程的仿真实训提供了良好的软硬件保障。

(三)校外实习实训基地

开辟校外实训基地，如杭州地税拱墅分局、杭州地税下城分局、杭州地税西湖分局、杭州地税直属分局、杭州金瑞会计师事务所、国美电器销售有限公司杭州分公司、杭州市粮油食品土畜产进出口有限公司、东方通信集团有限公司、浙江五菱汽车销售服务有限公司、浙江省建设投资集团公司等，为学生见习、实训、操作提供了真实场景，有利于学生提高实践能力。

附件 2 财务分析课程单元设计

——以“企业获利能力分析评价”为例

一、教案头

<table>
<tr><td colspan="6">单元标题：企业获利能力分析评价</td></tr>
<tr><td>授课班级</td><td></td><td>上课时间</td><td>3 课时</td><td>上课地点</td><td></td></tr>
<tr><td rowspan="2">教学目标</td><td colspan="3">能力(技能)目标</td><td colspan="2">知识目标</td></tr>
<tr><td colspan="3">能准确计算获利能力指标值，并对企业获利能力进行分析评价</td><td colspan="2">掌握获利能力指标的计算及评价方法</td></tr>
<tr><td>能力训练任务及案例</td><td colspan="5">训练任务：
能熟练掌握获利能力分析指标计算公式并对企业获利能力进行分析评价，提出正确的决策建议
①与收入相关的获利能力分析；
②与资本资产相关的获利能力分析；
③完成分析项目。</td></tr>
<tr><td>参考资料</td><td colspan="5">谢志华《财务分析》</td></tr>
</table>

二、教学设计

第一部分：组织复习(时间：15 分钟)

各组上交模拟偿债能力分析项目一阶段资料(分析资料)，评价企业偿债能力，并请其中一组的同学代表阐述应该如何分析资料，由教师做点评。

第二部分：学习新内容

步骤一：用简单的案例和学生一起分析，引出与收入相关的获利能力评价的最主要方法—财务比率分析法及其具体应用，讲解应如何评价企业获利能力。(时间：60 分钟)

1. 营业收入毛利率简称毛利率，又称销售毛利率，是计算毛利额占营业收入的比率。计算公式如下：

毛利率＝毛利额÷营业收入

毛利额＝营业收入－营业成本－营业外税金及附加

在某些学术性书籍中，营业外税金及附加如果发生额较小，在计算毛利额时将营业外税金及附加忽略不计。但谨慎起见，本书中主张计入其影响。

分析要点：

(1)在分析中，应首先判断指标所表明的获利能力强弱。该指标越大，说明企业获利能力越强。

(2)企业毛利率下降的主要原因有：企业因市场竞争而降低售价，使得销售收入下降，而成本没减少，所以毛利额下降；购货成本或生产成本上升；由于市场变化或企业战略实施的暂时影响，使得毛利率水平较高的产品的生产或销售量占总量的比重下降。

(3)计算毛利额时可以将营业外税金及附加从营业收入中扣除，发生额较小的企业可以不扣除。

(4)该指标具有明显的行业特点。一般来说，营业周期短、固定费用低的行业的毛利率水平比较低；而营业周期长、固定费用高的行业，则要求较高的毛利率以弥补其巨大的固定成本。

2. 营业收入营业利润率简称营业利润率，是计算营业利润占营业收入的比率。计算公式如下：

营业利润率＝营业利润÷营业收入

分析要点：

(1)该指标越高，表明企业通过日常经营活动获得收益的能力越强。

(2)营业利润将三项期间费用从毛利额中扣除了，应分析营业利润率指标受三项期间费用的影响。该指标越高，表明企业控制成本费用的能力越强。

3. 营业收入利润率简称利润率，又称销售利润率，是利润总额与营业收入的比率。

营业收入利润率＝利润总额÷营业收入

分析要点：

(1)该指标越大，表明企业当期各项经营活动获得收益的能力越强。

(2)利润总额中包括一些不确定收益项目，所以该指标反映的获利能力只能作为基本信息，跨期比较时，还须对一些特殊收益项目进行具体分析。

4. 营业收入净利率简称净利率，又称销售净利率。计算公式如下：

净利率＝净利润÷销售收入

分析要点：

(1)该指标越大，表明企业当期各项经营活动获得收益的能力越强。

(2)利润总额中包括一些不确定收益项目，所以该指标反映的获利能力只能作为基本信息，跨期比较时，同样须对一些特殊收益项目进行具体分析。

5. 营业收入息税前利润率简称息税前利润率。计算公式如下：

营业收入息税前利润率＝息税前利润÷营业收入

＝(利润总额＋利息支出)÷营业收入

在分析过程中，如果企业前面几项获利能力指标都已经分析过了，则该指标的分析可以作为参考。在本书中息税前利润率指标作为非重点指标来使用。

步骤二：用简单的案例和学生一起分析，引出与资本资产相关的获利能力评价的最主要方法——财务比率分析法及其具体应用。讲解如何评价企业获利能力。(时间：45 分钟)

在分析过程中，投入资本资产可以分为以下四个层次：

第一层：全部资产——按照投资配比原则，与企业全部投资相对应的投资收益就应该是利息，所得税和净利润之和，即息税前利润。

第二层：长期资本——长期资本是所有者权益资本和长期负债之和，但不包括流动负债，与长期资本相对应的收益部分是息税前利润减去短期债务利息。

第三层：所有者权益资本——即净资产。与之对应的收益部分是净利润。

第四层：实收资本——与实收资本对应的收益部分也是净利润。

根据层次的划分，我们将投资报酬率分成以下两类来学习。

1. 与总资产相关的获利能力分析

与总资产相关的获利能力指标统称总资产报酬率，总资产报酬率反映了企业利用全部资产创造利润的能力。主要包括以下三类：

总资产息税前利润率＝息税前利润÷平均总资产

总资产利润率＝利润总额÷平均总资产

总资产净利率＝净利润÷平均总资产(投资者)

平均总资产＝(期末总资产＋期初总资产)÷2

分析要点：

(1)该指标直接体现资产利用效率和资金利用效果之间的关系；可反映企业盈利的持久性和稳定性，确定企业面临的风险，并反映企业经营管理水平的高低。经营者常用。

(2)应适度降低资产占用额，不盲目追求规模效应，提高资产利用效率，重视资产结构的影响，合理安排负债比例，优化资产结构。

(3)可结合趋势分析和同业比较法。

2. 与净资产相关的获利能力分析

① 净资产报酬率＝净利润÷平均净资产

分析要点 1：

净资产报酬率是从所有者权益的角度来考核企业获利能力和投资回报能力的，因而它是最被所有者关注的，对企业具有重大影响。该指标越高，企业净资产使用效率就越高，投资者的利益保障程度也就越大。

分析要点 2：

通过该指标一方面可以判定企业的投资效益；另一方面可以了解企业管理水平的高低。对该指标的分析还是所有者考核其投入资本保值增值程度的基本途径。

② 资本金收益率＝净利润÷平均资本金

分析要点 1：

资本金报酬率衡量的是企业所有者投入资本赚取利润的能力，公式中的资本金是资产负债表上的实收资本项目。该指标越高，表明投资者投入企业资金得到的回报就越高。

分析要点 2：

通过分析该指标不仅可以了解企业管理水平和经济效益的高低，还可以判定企业的投资效益，从而对所有者投资决策作出分析。

③ 长期资本报酬率＝(利润总额＋长期负债利息)÷平均长期资本

步骤三：布置下一次的实训，明确实训要求(时间：10 分钟)

实训：计算获利能力财务比率数据；选择适当的行业标准；根据财务比率数值进行横向比较与纵向比较，并进行获利能力分析与评价。

附件 3 财务分析课程实训项目

资料如下：

资产负债表

编制单位：×××矿业有限公司 2012 年 12 月 单位：元

资　　产	行次	期初数	期末数	负债及所有者权益	行次	期初数	期末数
流动资产：				流动负债：			
货币资金	1	128 946.85	128 237.88	短期借款	68	—	—
短期投资	2	—	—	应付票据	69	—	—
应收票据	3	—	—	应付账款	70	952 923.04	1 365 394.07
应收股利	4	—		预收账款	71	—	115 218.46
应收利息	5	—	—	应付工资	72	78 000.00	78 000.00
应收账款净额	6	2 097 463.55	753 620.43	应付福利费	73	—	—
其他应收款	7	3 537 108.80	3 790 336.06	应付股利	74	—	—
预付账款	8	—	466 500.00	应交税金	75	39 949.50	63 992.74
应收补贴款	9	—	—	其他应交款	80	1 782.00	3 243.01
存货	10	45 834.88	714 211.56	其他应付款	81	1 049 861.32	544 641.57
待摊费用	11	—	—	预提费用	82	—	—
一年内到期的长期债权投资	21	—	—	预计负债	83	—	—
其他流动资产	24	—	—	待转资产价值	84	—	—
流动资产合计	31	5 809 354.08	5 852 905.93	一年内到期的长期负债	86	—	—
长期投资：				其他流动负债	90	—	—
长期股权投资	32	150 000.00	200 000.00				
长期债权投资	34	—	—	流动负债合计	100	2 122 515.86	2 170 489.85
	35	—	—	长期负债：			
合并价差	37	—	—	长期借款	101		—
长期投资合计	38	150 000.00	200 000.00	应付债券	102	—	—
固定资产：				长期应付款	103	—	—
固定资产原价	39	823 896.03	1 424 533.76	专项应付款	106		
减：累计折旧	40	175 543.20	268 329.39	其他长期负债	108	—	—

续表

资　　产	行次	期初数	期末数	负债及所有者权益	行次	期初数	期末数
固定资产净值	41	648 352.83	1 156 204.37	长期负债合计	110	—	—
减：固定资产减值准备	42	—	—	递延税项：	110		
固定资产净额	43	648 352.83	1 156 204.37	递延税款贷项	111	—	—
工程物资	44	—	—	负债合计	114	2 122 515.86	2 170 489.85
在建工程	45	600 637.73	—				
固定资产清理	46	—	—	少数股东权益		—	—
固定资产合计	50	1 248 990.56	1 156 204.37	所有者权益：			
无形资产及其他资产：				实收资本	115	5 000 000.00	5 000 000.00
无形资产	51	99 363.84	86 943.36	减：已归还投资	116	—	—
长期待摊费用	52	58 060.35	36 947.43	实收资本净额	117	5 000 000.00	5 000 000.00
待处理财产损益	53	—	—	资本公积	118		—
其他长期资产	54	—	—	盈余公积	119	—	—
无形资产及其他资产合计	60	157 424.19	123 890.79	其中：法定公益金	120		
递延税项：				未分配利润	121	243 252.97	162 511.24
递延税款借项	61	—	—	所有者权益合计	122	5 243 252.97	5 162 511.24
资产总计	67	7 365 768.83	7 333 001.09	负债及所有者权益总计	135	7 365 768.83	7 333 001.09

利润及利润分配表

编制单位：×××矿业有限公司　　2012 年度　　单位：元

项　　目	上　期　数	本　期　数
一、营业收入	5 042 441.56	9 923 596.62
减：营业成本	3 205 954.49	6 292 521.63
营业税金及附加	44 050.87	67 353.23
营业费用	1 464 579.06	3 425 561.21
管理费用	271 809.59	168 348.62
财务费用	−14 264.82	−1 453.15
二、营业利润(亏损以“—”号填列)	70 312.37	−28 734.92
加：投资收益(损失以“—”号填列)	—	—

续表

项　目	上　期　数	本　期　数
补贴收入	—	—
营业外收入	—	—
减：营业外支出	30 000.00	2 388.84
三、利润总额(亏损总额以“—”号填列)	40 312.37	−31 123.76
减：所得税	25 212.22	49 617.97
少数股东损益	—	—
四、净利润(净亏损以“—”号填列)	15 100.15	−80 741.73
加：年初未分配利润	259 022.47	243 252.97
其他转入	−30 869.65	
五、可供分配的利润	243 252.97	162 511.24
减：提取法定盈余公积	—	—
提取法定公益金	—	—
提取职工奖励及福利基金	—	—
提取储备基金	—	—
提取企业发展基金	—	—
利润归还投资	—	—
六、可供股东分配的利润	243 252.97	162 511.24
减：应付优先股股利	—	—
提取任意盈余公积	—	—
应付普通股股利	—	—
转作资本(或股本)的普通股股利	—	—
七、未分配利润	243 252.97	162 511.24

现　金　流　量　表

编制单位：×××矿业有限公司　　2012年度　　单位：元

项　目	本期金额	上期金额
一、经营活动产生的现金流量：		
销售商品、提供劳务收到的现金	12 884 869.63	5 615 140.76
收到的税费返还	—	—
收到其他与经营活动有关的现金	1 453.15	—
现　金　流　入　小　计	12 886 322.78	5 615 140.76
购买商品、接受劳务支付的现金	8 151 165.42	3 704 457.63

续表

项　　目	本期金额	上期金额
支付给职工以及为职工支付的现金	468 000.00	470 000.00
支付的各项税费	786 827.80	681 478.11
支付其他与经营活动有关的现金	3 431 038.53	1 622 395.89
现　金　流　出　小　计	12 837 031.75	6 478 331.63
经营活动产生的现金流量净额	49 291.03	−863 190.87
二、投资活动产生的现金流量：		
收回投资收到的现金	—	—
取得投资收益收到的现金	—	—
处置固定资产、无形资产和其他长期资产收回的现金净额	—	—
收到其他与投资活动有关的现金	—	—
现　金　流　入　小　计	—	—
购建固定资产、无形资产和其他长期资产支付的现金		2 641.03
投资支付的现金	50 000.00	—
支付其他与投资活动有关的现金	—	—
现　金　流　出　小　计	50 000.00	2 641.03
投资活动产生的现金流量净额	−50 000.00	−2 641.03
三、筹资活动产生的现金流量：		
吸收投资收到的现金	—	—
借款所收到的现金	—	—
收到其他与筹资活动有关的现金	—	—
现　金　流　入　小　计	—	—
偿还债务支付的现金	—	—
分配股利、利润或偿付利息支付的现金	—	—
支付其他与筹资活动有关的现金	—	−14 264.82
现　金　流　出　小　计	—	−14 264.82
筹资活动产生的现金流量净额	—	14 264.82
四、汇率变动对现金的影响	—	—
五、现金及现金等价物净增加额	−708.97	−851 567.08

法定代表人：　　　　主管会计工作负责人：　　　　会计机构负责人：

现金流量表补充资料

编制单位：×××矿业有限公司　　2012年度　　单位：元

项　　目	本期金额	上期金额
1. 将净利润调节为经营活动的现金流量：		
净利润	−80 741.73	15 100.15
加：计提的资产减值准备	—	—
固定资产折旧	92 786.19	78 019.20
无形资产摊销	12 420.48	12 420.48
长期待摊费用摊销	21 112.92	21 112.92
待摊费用减少(减：增加)	—	—
预提费用增加(减：减少)	—	—
处置固定资产、无形资产和其他长期资产的损失(减：收益)	—	—
固定资产报废损失	—	—
财务费用	—	−14 264.82
投资损失(减：收益)	—	—
递延税款贷项(减：借项)	—	—
存货的减少(减：增加)	−668 376.68	−15 926.96
经营性应收项目的减少(减：增加)	624 115.86	−361 502.40
经营性应付项目的增加(减：减少)	47 973.99	−598 149.44
其他	—	—
经营活动产生的现金流量净额	49 291.03	−863 190.87
2. 不涉及现金收支的投资和筹资活动：		
债务转为资本	—	—
一年内到期的可转换公司债券	—	—
融资租入固定资产	—	—
3. 现金及现金等价物净变动情况：		
现金的期末余额	128 237.88	128 946.85
减：现金的期初余额	128 946.85	980 513.93
加：现金等价物的期末余额		
减：现金等价物的期初余额		
现金及现金等价物净增加额	−708.97	−851 567.08

实训一　企业偿债能力分析

实训目的：使用×××矿业有限公司报表，进行偿债能力分析。为债权人和投资者提供公司偿债能力分析结果，为决策提供依据。

实训步骤：

1. 计算偿债能力财务指率；
2. 选择适当的行业标准；
3. 根据财务比率数值的横向比较与纵向比较，进行偿债能力分析与评价。

参考：

财务比率	公式	2011年	2012年
营运资金	流动资产/流动负债		
流动比率	流动资产/流动负债		
速动比率	速动资产/流动负债		
保守速动比率	保守速动资产/流动负债		
现金比率	(货币资金＋交易性金融资产)/流动负债		
资产负债率	负债/资产		
产权比率	负债/所有者权益		
有形净值债务率	负债/(所有者权益－无形资产)		
权益乘数	资产/净资产		

【分析】

实训二　企业获利能力分析

实训目的：使用×××矿业有限公司报表，进行获利能力分析。为债权人和投资者提供公司获利能力分析结果，为决策提供依据。

实训步骤：

1. 计算获利能力财务指标；

2. 选择适当的行业标准；

3. 根据财务比率数值的横向比较与纵向比较，进行获利能力分析与评价。

参考：

财　务　比　率	公　　式	2011 年	2012 年

【分析】

实训三　企业营运能力分析

实训目的：使用×××矿业有限公司报表，进行营运能力分析。为债权人和投资者提供公司营运能力分析结果，为决策提供依据。

实训步骤：

1. 计算营运能力财务指标；
2. 选择适当的行业标准；
3. 根据财务比率数值的横向比较与纵向比较，进行营运能力分析与评价。

参考：

财务比率	公式	2011 年	2012 年

【分析】

实训四　企业报表质量分析

实训目的：使用×××矿业有限公司报表，进行报表质量分析，为债权人和投资者提供公司报表质量分析结果，为决策提供依据。

实训步骤：

1. 选择适当的总体项目；
2. 计算报表结构比率数据；
3. 根据结构比率数值进行纵向比较，并进行报表质量分析与评价。

参考：

×××矿业公司共同比资产负债表

资　产	期初结构比	期末结构比	负债及所有者权益	期初结构比	期末结构比
流动资产：			流动负债：		
货币资金			短期借款		
短期投资			应付票据		
应收票据			应付账款		
应收股利			预收账款		
应收利息			应付工资		
应收账款净额			应付福利费		
其他应收款			应付股利		
预付账款			应交税金		
应收补贴款			其他应交款		
存货			其他应付款		
待摊费用			预提费用		
一年内到期的长期债权投资			预计负债		
其他流动资产			待转资产价值		
流动资产合计			一年内到期的长期负债		
长期投资：			其他流动负债		
长期股权投资					
长期债权投资			流动负债合计		
			长期负债：		

续表

资　产	期初结构比	期末结构比	负债及所有者权益	期初结构比	期末结构比
合并价差			长期借款		
长期投资合计			应付债券		
固定资产：			长期应付款		
固定资产原价			专项应付款		
减：累计折旧			其他长期负债		
固定资产净值			长期负债合计		
减：固定资产减值准备			递延税项：		
固定资产净额			递延税款贷项		
工程物资			负债合计		
在建工程					
固定资产清理			少数股东权益		
固定资产合计			所有者权益：		
无形资产及其他资产：			实收资本		
无形资产			减：已归还投资		
长期待摊费用			实收资本净额		
待处理财产损益			资本公积		
其他长期资产			盈余公积		
无形资产及其他资产合计			其中：法定公益金		
递延税项：			未分配利润		
递延税款借项			所有者权益合计		
资产总计			负债及所有者权益总计		

×××矿业公司共同比利润表

项　目	上期结构比	本期结构比
一、营业收入		
减：营业成本		
营业税金及附加		
营业费用		
管理费用		
财务费用		

续表

项　　目	上期结构比	本期结构比
二、营业利润(亏损以“－”号填列)		
加：投资收益(损失以“－”号填列)		
补贴收入		
营业外收入		
减：营业外支出		
三、利润总额(亏损总额以“－”号填列)		
减：所得税		
少数股东损益		
四、净利润(净亏损以“－”号填列)		

【分析】

实训五 企业财务比率综合分析

实训目的：使用×××矿业有限公司报表，进行财务比率综合分析。为债权人和投资者提供公司杜邦财务分析图，为决策提供依据。

实训步骤：

1. 绘制杜邦财务分析图；

2. 计算杜邦财务分析图中的比率数据。

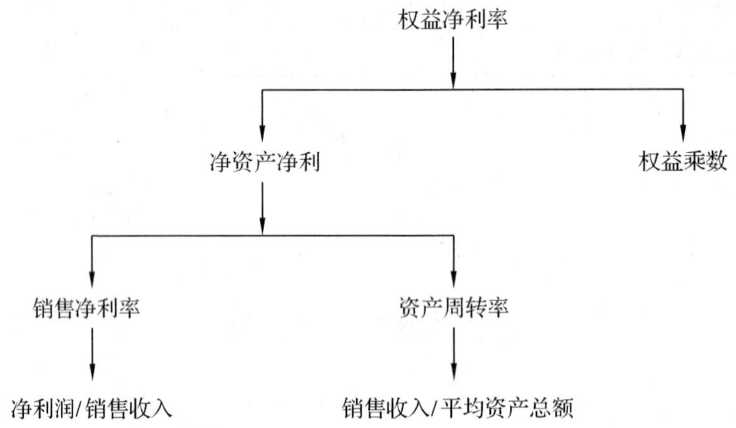

参考文献

[1]张先治，陈友．财务分析(第5版)．大连：东北财经大学出版社，2010.
[2]梅斯(Mayes，T. R.)，肖申克(Shank，T. M.)．财务分析：以Excel为分析工具(原书第5版)．赵银德，张华，李靠队，译．北京：机械工业出版社，2011.
[3]谢志华．财务分析(第二版)．北京：高等教育出版社，2003.
[4]张新民，钱爱民．财务报表分析(第2版)．北京：中国人民大学出版社，2011.
[5]宋娟．财务报表分析从入门到精通．北京：机械工业出版社，2010.
[6]崔宏．财务报表阅读与信贷分析实务．北京：机械工业出版社，2011.

▸面向中小企业人才培养高职高专系列规划教材◂

- 中小企业财经法规与会计职业道德
- 中小企业审计实务
- 中小企业管理实务
- 中小企业管理会计实务
- 中小企业纳税会计实务
- 中小企业会计制度设计
- 中小企业财务管理实务
- 中小企业财务分析实务
- 中小企业网页设计与制作
- 行政与事业单位会计
- 行业会计实务
- 基础会计
- 出纳实务
- Excel 在会计中的运用
- 电算化信息系统的应用
- 金融会计实务
- 管理学实务与实训
- 物流管理实务与实训
- 市场营销实务与实训
- 企业应用文写作实训
- 外事接待英语实训

ISBN 978-7-303-17350-1

9 787303 173501 >

定价：21.80 元